Distribution

Pour le Canada :

Les Éditions Flammarion/Socadis
375, avenue Laurier Ouest
Montréal (Québec)
H2V 2K3
(514) 277-8807 ou (514) 331-3300

Pour la France :

Dilisco
122, rue Marcel Hartmann
94200 Ivry-sur-Seine
Paris (France)
Tél. : (1) 49 59 50 50

Pour la Belgique :

Vander, s.a.
321, avenue des Volontaires
B-1150 Bruxelles (Belgique)
Tél. : (32-2) 762 9804

Pour la Suisse :

Diffusion Transat, s.a.
Route des Jeunes, 4ter
Case postale 1210
CH-1211 Genève 26
Tél. : (022) 342 7740

À propos de ...

Données de catalogage avant publication (Canada)

Hurtubise, Manuel, 1965-

    À propos de...
    (Collection Motivation et épanouissement personnel)
    Comprend un index.

    ISBN 2-89225-359-4

    1. Adolescents - Miscellanées. 2. Relations humaines chez l'adolescent - Miscellanées. 3. Parents et adolescents - Miscellanées. 4. Amour chez l'adolescent - Miscellanées. 5. Adolescents - Comportement sexuel - Miscellanées. 6. Adolescents - Santé et hygiène - Miscellanées. I. Titre. II. Collection.

HQ796.H88 1998   305.235   C98-941399-3

©, Les éditions Un monde différent ltée, 1998
Bibliothèque nationale du Québec
Bibliothèque nationale du Canada
Bibliothèque nationale de France

Collaborateurs à la rédaction et à la recherche :
JEAN-PIERRE MANSEAU ET LISE LABBÉ

Photocomposition, mise en pages
et conception graphique de la couverture :
OLIVIER LASSER

ISBN 2-89225-359-4

Nous reconnaissons l'aide financière du gouvernement du Canada par l'entremise du Programme d'Aide au Développement et l'Industrie de l'Édition pour nos activités d'édition.

Manuel Hurtubise

À propos de ...

Les éditions Un monde différent ltée
3925, Grande-Allée
Saint-Hubert (Québec)
Canada J4T 2V8
(450) 656-2660

Je désire remercier ma copine Mélanie pour son amour et son soutien, mes parents Marie et André, ainsi que mes frères Sébastien et Pierre-Alexandre pour l'aide et l'encouragement qu'ils m'ont prodigués.

Enfin, je tiens à remercier spécialement Lise Labbé et Jean-Pierre Manseau, mes collaborateurs hors pair, sans qui ce projet n'aurait pu être mené à bien.

M.H.

Table des matières

LES PARENTS ET LA FAMILLE

LES AMIS ET L'ÉCOLE

LA PRÉVENTION

LA SANTÉ

POUR CONCLURE

Un mot de l'éditeur

Lorsque nous avons discuté avec Manuel de son projet, notre décision de publier a été unanime puisque ce livre cadrait bien avec notre mission éditoriale : faire découvrir toutes les richesses du potentiel humain et procurer aux lecteurs les outils, les ressources nécessaires pour qu'ils se réalisent pleinement, et qu'ils aient confiance en eux.

Dans le contexte actuel, les parents, souvent tiraillés par leur propre vie, ont tendance à oublier les préoccupations de leurs enfants. Parfois laissés à eux-mêmes, les jeunes vivent les contrecoups d'une société qui privilégie les communications virtuelles au détriment des relations humaines. Sollicités de toutes parts, les jeunes doivent faire l'apprentissage de la vie en étant conscients des conséquences de leurs choix vis-à-vis leur destin. Voilà pourquoi ce livre, par son concept et son contenu, rejoint notre rôle sociétal. Il tente de répondre à plusieurs interrogations des jeunes d'aujourd'hui.

Les propos de ce livre peuvent choquer certains lecteurs et, si c'est le cas, cela n'est nullement notre intention, nous souhaitons plutôt dresser un portrait fidèle et réaliste des préoccupations des jeunes. De plus, nous désirons vous aviser que les réflexions de ce livre ne doivent pas être interprétées comme les seules solutions, une recette miracle ou encore le régime infaillible. Percevez-les plutôt comme d'excellents ingrédients à utiliser selon vos goûts pour mijoter les mets qui vous conviennent.

La table est mise, le dialogue familial commence. Parlez, échangez et dégustez. Le tout vous est servi, savourez-en maintenant le contenu.

Avant-propos

J e veux tout d'abord dire aux lecteurs qui je suis et pourquoi j'ai voulu que ce livre voit le jour. Je m'appelle Manuel Hurtubise et je viens d'une famille de trois enfants, trois garçons. Nos parents se sont séparés alors que j'étais adolescent, j'avais 16 ans. J'ai eu quand même une belle adolescence. Si je me compare à certains de mes amis, cette période de ma vie ne fut pas trop difficile. Quand mes parents se sont séparés, j'ai beaucoup parlé avec eux et je crois que ça les a aidés autant que moi. À la polyvalente, au cégep, et même à l'université, j'ai toujours été disponible aux autres. Ce n'était pas seulement par grandeur d'âme mais parce que j'aime rendre service aux autres. Aider quelqu'un, répandre de la joie, du bonheur autour de moi, alléger une situation triste, trouver des solutions à des problèmes, tout cela représente pour moi autant de petites victoires.

J'ai choisi le métier d'animateur de télévision pour aider les gens et j'estime que dans tout ce que je fais, je cherche à donner quelque chose aux autres. Je coanime un téléthon parce que ce dernier contribue à l'avancement de la recherche sur les maladies infantiles. Quand j'anime une émission et que je divertis le public, j'aide les gens, je leur apporte du bonheur, je les fais sourire, je leur fais passer un bon moment, je leur fais oublier pour quelque temps leurs tracas. J'ai décidé de participer à ce livre parce que je suis convaincu qu'il constituera un outil qui traversera le temps. Je pense que toutes les questions, tous les sujets de ce livre sont d'actualité pour les jeunes d'aujourd'hui et de demain, et pour leurs proches. Le questionnement et les problèmes auxquels j'ai eu à faire face lors de mes études secondaires n'ont pas tellement changé, ils ont tout simplement évolué. Quand on est adolescent, on se pose comme jadis le même genre de questions face à l'amour, la sexualité, les parents, les amis, l'école, la prévention et la santé.

Personnellement, quand j'étais adolescent j'aurais aimé avoir un livre comme celui-ci entre les mains. Cela aurait pu m'aider à répondre à certaines questions qu'on n'ose souvent pas poser à d'autres. Si je peux apporter, grâce à ce livre, des éléments de solutions à différentes problématiques de l'adolescence, si je peux fournir des pistes, si je peux diriger les jeunes vers un organisme qui pourra les soutenir; si les témoignages de filles, de garçons, de spécialistes ou d'artistes-vedettes peuvent éclairer ceux et celles qui liront ce livre, si cet ouvrage peut aider à régler des problèmes, à répondre à divers questionnements, s'il peut apporter du bonheur, eh bien, j'aurai atteint mon but.

Il n'est pas toujours facile, même si je le recommande fortement dans ce livre, d'aller consulter un spécialiste, de rencontrer un adulte en qui on a confiance, et de lui dire qu'on a tel ou tel problème, ou qu'on se pose telle ou telle question. Dans ces moments-là, on a parfois l'impression d'avoir l'air un peu démuni, on se demande si l'autre va rire de nous et, au bout du compte, on préfère souvent garder ça pour soi-même. Essayez plutôt de faire le contraire : Servez-vous de ce livre comme d'un outil et ne craignez jamais dans la vie de poser des questions, de reconnaître que vous avez un problème.

Il ne faut jamais avoir peur de demander de l'aide car c'est la chose la plus élémentaire à faire quand on en a besoin. Quand on demande cette aide, que les gens nous la fournissent et que ça marche, on réalise à quel point on a bien fait de lever la main pour le faire savoir. J'espère de tout coeur que ce livre pourra jouer un rôle utile dans le processus de règlement de certaines situations problématiques où une aide est requise.

Courriériste depuis 7 ans dans la revue *Filles d'aujourd'hui*, j'ai toujours voulu aider les ados. Ces derniers semblent mal connaître les ressources à leur disposition ou ne savent pas comment les utiliser; ou peut-être que les gens dans leur entourage ne sont pas suffisamment à leur écoute. Je ne prétends pas avoir la science infuse et la vérité. Je ne suis pas un professionnel de la santé, je ne suis pas un psychologue ni un travailleur social. Je me sers simplement du gros bon sens. J'aborde toutes les questions de ce livre d'après mes convictions, mes sentiments profonds, et en me mettant à la place de tous ces jeunes qui se posent les mêmes questions.

Je crois sincèrement qu'à partir de ma réflexion, de ce que j'ai écrit, et de tous les témoignages d'organismes, de spécialistes, de jeunes et d'artistes contenus dans cet ouvrage qu'on devrait pouvoir aider un grand nombre de jeunes et d'adultes à régler l'essentiel de leurs problèmes. J'espère de tout coeur que la lecture de ce livre procurera à chacun, chacune la réponse tant attendue, l'écoute et la compréhension qu'ils espéraient sans plus y croire.

L'amour
et
la sexualité

1
Comment déclarer son amour?

Sabine, 15 ans :

Je suis étudiante en 3e secondaire et **j'ai vraiment le béguin** pour un gars depuis un an. Chaque fois que je le croise, je le regarde intensément et on se salue, mais ça ne va jamais plus loin. Petit à petit, mon amour a grandi au point où je suis **devenue follement amoureuse** de lui mais je garde ce sentiment pour moi toute seule. Devrais-je **prendre mon courage à deux mains** et oser enfin le lui dire ? Comment lui déclarer mon amour ? Si j'ai la chance de m'entretenir avec lui, devrais-je lui **dire carrément que je l'aime** ? Je dois prendre une décision car plus le temps passe, plus j'ai de la difficulté à vivre avec ce sentiment. Je dois absolument **trouver une solution**, c'est trop difficile à vivre !

Conseils
de Manuel :

Il est toujours préférable de dire ce que l'on pense dans la vie, pas seulement en amour mais aussi dans tous les domaines de ta vie. S'affirmer veut aussi dire se donner une identité personnelle. Selon moi, il est très difficile de vivre avec des regrets, des «j'aurais donc dû faire ceci ou affirmer cela». Il est vrai que c'est très désolant de se faire dire non quand nous déclarons notre amour à une autre personne qui le rejette, mais même si c'est difficile à accepter, cela a au moins le mérite d'orienter nos efforts futurs. Qui n'ose pas ne sait pas.

Quand on vit nos premières amours, notre amour est si intense que l'on s'imagine avoir trouvé le gars ou la fille avec qui l'on sera pour le reste de notre vie. Au fond, si on essuie un refus, cela ne nous ferme pas définitivement la porte à l'amour. Après quelque temps, tu te diras sûrement : «*Il y a quelques mois à peine, j'aurais tout sacrifié pour elle, mais aujourd'hui je me demande pourquoi j'ai eu le béguin pour elle, elle n'était vraiment pas faite pour moi.*» Il est toujours préférable de se libérer l'esprit et le coeur de ce qui nous pèse car si on a le vibrant désir de dire à quelqu'un : «Ah, j'aimerais beaucoup sortir avec toi», et qu'on refoule au plus profond de soi cette envie de faire cet aveu pendant des semaines, voire même des mois, cela s'avère très regrettable.

Si tu ne fais pas cet aveu, tu vivras avec des remords car tu n'auras pas eu le courage de faire ta déclaration d'amour. C'est bien dommage car chaque fois que tu reverras cette personne-là, tu te diras : «*Bon, aujourd'hui c'est la bonne occasion de lui dire, et puis non, je m'en sens incapable.*» Tu la regarderas avec ferveur pendant les cours, tu la contempleras avec admiration pendant la récréation, tu la trouveras belle. Tu imagineras plein de scénarios dans ta tête, mais le soir tu rentreras chez toi avec toujours la même grosse boule au coeur parce que tu n'auras pas osé lui dire ton amour.

Apprends à être à l'écoute des autres car si tu es sensible et attentif à ton entourage, cela t'aidera à régler bien des problèmes, y compris ceux reliés à l'amour. Si tu es à l'écoute, tu observeras attentivement la personne convoitée, tu analyseras la situation avec calme et respect. Si cette personne est vraiment amoureuse de toi, si elle ressent les mêmes sentiments que toi, eh bien, ça paraîtra, tu t'en rendras compte. Il faut également croire en son destin et se dire : «*Si je suis vraiment fait*

Témoignage
Mélanie, 14 ans :

Je me souviens de Tristan. C'est incroyable comme ce gars **m'intéressait depuis longtemps**. Il ne le savait même pas jusqu'au jour où je me suis enfin décidée à le lui dire. C'est fou, mais il éprouvait les mêmes sentiments à mon égard depuis quelque temps. Tout comme moi, il **n'osait pas me l'avouer**. Après quelques mois de fréquentations, **on se connaissait beaucoup mieux**, et on a reparlé de tout ça. On se trouvait plutôt naïfs car il aurait mieux valu se **déclarer mutuellement** notre amour, plusieurs mois plus tôt, au lieu d'attendre **chacun de notre côté en silence**. Avec le recul, je pense que je n'attendrais jamais aussi longtemps avant de déclarer mon amour car... c'est bien trop **désagréable d'attendre** sans savoir.

21

pour cette personne, elle va me revenir tôt ou tard, ou je la croiserai un jour ou l'autre sur ma route.»

Témoignages
d'intervenantes :

(Hélène Manseau, professeure de sexologie)

Je dois dire en commençant que l'estime de soi est le fil conducteur des différentes questions auxquelles je vais répondre. Il te faut donc acquérir et conserver l'estime de toi-même. On ne dit jamais assez aux jeunes : «"Aime-toi toi-même", car c'est ainsi que tu pourras aimer les autres et te faire aimer d'eux.» Et pour répondre à la question : «Comment déclarer son amour?», je crois qu'il faut d'abord se le déclarer à soi-même, et que le meilleur ami qu'on possède sur terre, c'est soi-même. Quand on a appris à s'apprivoiser, à être assez proche de soi, on peut déclarer son amour sans avoir peur que l'autre nous rejette car on peut toujours se dire : *«Même s'il ne m'aime pas, je vais continuer de faire pousser le germe de l'amour en moi, la graine de l'estime de soi.»*

(Chantal Asselin, infirmière)

Il existe plus d'une façon de déclarer son amour. Demande-lui de sortir un soir, invite-le au cinéma et parle-lui tout simplement des sentiments que tu éprouves à son égard. Donc, pour déclarer ton amour, il faut vraiment t'ouvrir à la communication avec celui qui suscite cet amour. Tu dois lui exprimer tes sentiments, lui dire ton désir d'intimité avec lui, ton goût de partager tes conversations avec lui, et ton envie de mieux le connaître. En somme, fais-lui part de ton souci grandissant de le découvrir, en vue qui sait? de t'engager peut-être avec lui.

2

Qu'est-ce que la masturbation?

Conseils
de Manuel :

Au dictionnaire, la définition du mot masturbation est la suivante : «Elle consiste à se procurer le plaisir sexuel par l'excitation manuelle des parties génitales». Quand on se masturbe, on se donne du plaisir sexuel, une satisfaction à la fois charnelle et sensuelle. C'est l'exploration de son corps. Il n'y a rien de mal à se masturber. Par conséquent, si des gens pensent encore aujourd'hui que la masturbation rend sourd ou aveugle, qu'elle est inconvenante, malpropre, anormale; que seuls les désaxés sexuels se masturbent, eh bien ils sont inconscients, c'est un geste tout à fait instinctif. Il est tout à fait naturel d'explorer son corps au début de l'adolescence et même après.

À la prépuberté, notre corps se transforme, évolue; les poils apparaissent, les organes sexuels se modifient,

la voix des garçons mue, les seins, les cuisses et les hanches des jeunes filles se développent, on grandit. On observe les sensations dans notre corps, on veut se connaître. On découvre notre appareil génital et nos organes sexuels. Cette découverte peut se faire à différents âges et c'est tout à fait normal. Pour certains, elle se produit vers l'âge de 12 ans, pour d'autres vers 16 ans. Il n'y a rien d'inhabituel à découvrir son corps plus tard et, comme la masturbation nous procure du plaisir, il est tout à fait naturel de vouloir recommencer. Dans la plupart des cas d'ailleurs, à 12 ans, on n'a pas encore eu de relations sexuelles. Par conséquent, la seule façon de découvrir le plaisir sexuel, sans la participation d'une autre personne, c'est par la masturbation.

La fréquence de la masturbation dépend de chacun. Certains se masturbent plus que d'autres. C'est très personnel. Il y a également des périodes dans la vie où on ressent plus le besoin de se masturber qu'à d'autres moments. Plus tard bien entendu, quand on a un partenaire et qu'on commence à avoir des relations sexuelles plus fréquentes, la masturbation est alors remplacée par des relations plus complètes et peuvent nous amener à nous masturber mutuellement. Cependant, si une personne vit une relation de couple stable et croit que faire l'amour avec son partenaire remplace amplement la masturbation, le fait de se masturber peut l'amener à éprouver un sentiment de culpabilité. Il n'y a pourtant aucune raison d'éprouver ce sentiment car tout dépend des besoins de chacun. C'est comme pour la nourriture, certains ont un plus grand appétit.

Témoignage

Maxime, 13 ans :

Depuis quelque temps, dans mon groupe d'amis, on parle de masturbation. Au début, **on en discutait tout bonnement** car c'est un mot dont on je ne **connaissais pas très bien la signification**. J'avais entendu mon grand frère en parler, mais je me suis rendu compte récemment que tous mes amis de 13 ans semblent se masturber. Pour ma part, quand je suis avec eux, je fais comme si moi aussi je me masturbais, mais en réalité je n'ai **pas commencé cette pratique** car je n'en éprouve pas vraiment le besoin. Je n'ai pourtant rien contre la masturbation mais je commence sérieusement à me demander si j'ai un **problème sexuel**? Est-ce que j'aurai des difficultés sur le plan sexuel plus tard? Je suis écœuré de mentir et de faire semblant. J'espère que **cette envie me viendra un jour**!

N'oublie surtout pas que le fait d'avoir une relation de couple ne signifie pas systématiquement que tu ne te masturberas plus, ou encore que de te masturber suppose que tu n'aimes pas ton partenaire ou qu'il ne te comble pas. Une jeune fille me confiait un jour : «Je l'aime vraiment ce gars-là! Comment se fait-il que je sois incapable d'être rassasiée quand je fais l'amour avec lui? Il faut toujours que je me masturbe quand même après.» C'est tout simplement que la masturbation te procure un plaisir différent. Tu es seule avec tes fantasmes, tu penses à toutes sortes de choses, tu t'excites en visualisant d'autres gars et en t'imaginant dans telle ou telle situation. C'est donc très différent de l'acte sexuel avec ton partenaire. Tu atteins aussi l'orgasme par la masturbation et il est tout à fait normal de faire l'amour et de continuer à te masturber. Mais quoi qu'il en soit, si tu ne vis pas de relations sexuelles avec un autre, la masturbation reste une excellente façon de se procurer du plaisir à soi-même.

Témoignages d'intervenantes :

(Chantal Asselin, infirmière)

C'est quand tu explores tes organes génitaux en cherchant à retirer du plaisir. Tu peux te masturber tout seul ou avec quelqu'un d'autre, en utilisant tes doigts, ou à l'aide d'objets, de revues et de cassettes vidéo érotiques.

(Hélène Manseau, professeure de sexologie)

En sexologie, beaucoup de thérapies sexuelles sont basées sur le recouvrement de la capacité de se toucher et d'avoir du plaisir avec son corps par la masturbation. Le mot masturbation demeure encore quelque peu gênant aujourd'hui alors qu'il ne devrait plus en être ainsi. C'est une pure construction de l'esprit de croire qu'il est péché de se donner du plaisir.

De plus, une des découvertes de la sexualité contemporaine fut de considérer la masturbation comme étant thérapeutique et, dans bien des cas, la voie la plus facile ou la plus directe pour atteindre l'orgasme. La masturbation nécessite un apprentissage certain. On dit que la masturbation consiste à se donner du plaisir, mais on ne sait pas toujours comment arriver au plaisir par la masturbation.

À mon avis, il est important de se parler entre jeunes du même âge et de se transmettre de l'information sur la façon de parvenir à se donner du plaisir. L'obtention du plaisir est propre à chacun, on le découvre avec l'expérience, mais aussi en communiquant avec d'autres. Je préconise des rencontres de groupes où un animateur neutre stimule les discussions et amène les adolescents à échanger sur le sujet, et à s'aider entre eux.

Il y a évidemment une gêne légitime à parler de la masturbation avec ses parents car dans la société où l'on vit, l'adolescent, au fil de son développement psychologique, ressent la nécessité de se détacher de ses parents, et il est normal qu'il soit mal à l'aise de leur parler de son intimité sexuelle. C'est pourquoi je crois beaucoup à l'éducation par les pairs et je n'ai pas d'hésitation à conseiller aux jeunes d'échanger entre eux sur leurs expériences sexuelles, à un autre niveau que le simple degré de performance chez les garçons, ou l'obsession du prince charmant chez les filles.

Parlez des gestes que vous accomplissez pour vous procurer du plaisir à vous masturber. Sont-ils faciles à exécuter ? Prenez même le temps d'en rigoler, de dédramatiser, et de communiquer votre expérience pour la partager.

3

Comment savoir si je suis prêt ou prête à faire l'amour?

Conseils de Manuel :

Suis-je prêt ou prête à faire l'amour ? Selon moi, cela diffère d'une personne à l'autre. Faire l'amour, au même titre que d'embrasser, sont des actes très personnels qui correspondent au rythme de chacun. Une personne sera prête à faire l'amour à 15 ans tandis qu'une autre ne se sentira prête qu'à l'âge de 18 ans. Personne d'autre que toi-même ne peut savoir à quel moment propice faire l'amour. Tu dois le faire seulement quand tu en éprouveras le besoin et en étant consciente des conséquences. Si tu as passé un certain temps à explorer ton corps, à te masturber, et que tu as réellement le goût d'aller plus loin, cela peut s'avérer une bonne indication. Mais n'oublie pas les précautions à prendre avant d'accomplir cet acte sexuel.

Témoignage

Kathleen, 16 ans :

Je sors avec mon chum depuis environ 5 mois. Depuis 2 mois il veut me faire l'amour, il m'en parle presque tout le temps. J'ai eu beau l'avertir dès le début de notre relation que je ne me sentais **pas prête** à faire l'amour, mais il persiste et depuis quelque temps il **fait pression** sur moi et, à la limite, ça commence à **ressembler à des menaces**. Il m'a dit que si ça devait prendre encore des semaines et des mois avant que je sois prête, **il ira voir ailleurs** puisqu'il est prêt et qu'il l'a déjà fait avec d'autres filles. Pour ma part, **ce sera la première fois**, et je veux vraiment accomplir cet acte quand je me sentirai tout à fait prête. Je ne veux **surtout pas me faire bousculer**.

Il est très important de dire qu'il ne faut jamais céder à la pression d'autrui quand il s'agit de faire l'amour. Par exemple, si une fille sort avec un gars qui exerce d'énormes pressions sur elle pour qu'elle accepte de faire l'amour avec lui, même si elle ne se sent pas prête, elle doit lui dire plutôt que de faire l'amour simplement pour lui faire plaisir. Hélas, cela arrive trop souvent. On entend alors : «Je ne me sens pas prête mais je vais finir par me soumettre à son désir. Je ne veux pas perdre mon chum!» C'est inacceptable. Selon moi, un gars qui laisse tomber une fille parce qu'elle n'est pas prête à faire l'amour ou encore qu'elle dit non à ses avances, ne mérite pas d'avoir son amour. Ce n'est tout simplement pas le type qui lui convient.

Témoignage

Un jeune couple, André et Michelle :

André et moi sortons ensemble depuis un an. Nous sommes tous les deux prêts à faire l'amour, **même si aucun de nous ne l'a fait auparavant**. Nous en avons beaucoup parlé. On se fait confiance l'un l'autre, on se connaît bien, on se **désire mutuellement** et on a décidé de prendre rendez-vous avec l'infirmière de l'école. Elle nous a **expliqué en détail les méthodes de contraception**, comment bien se protéger et les conséquences de cet acte. Nous avons remarqué que la plupart du temps, les gars ne veulent pas aller rencontrer l'infirmière avec leur petite amie. Mon chum, lui, est venu avec moi car il sait que **ça nous concerne tous les deux**. J'ai bien apprécié. Puis nous irons aussi rencontrer tous les deux un médecin au *CLSC* car j'ai décidé de prendre la pilule anticonceptionnelle. Quand on est bien renseignés, bien protégés et tout à fait prêts, **on se sent bien et c'est encore meilleur**.

Quand tu aimes une personne, tu respectes ses décisions, ses valeurs. C'est très important. Dans un couple, la communication est primordiale. Il faut pouvoir en parler, il faut s'y préparer et il faut se protéger quand on envisage de faire l'amour. Informez-vous des moyens contraceptifs auprès de l'infirmière de l'école ou prenez rendez-vous dans un *CLSC* pour obtenir un entretien confidentiel. Cette confidentialité est assurée dès l'âge de 14 ans. Vous y rencontrerez des professionnels de la santé qui vous informeront des moyens de bien vous protéger contre les MTS[1] (maladies transmises sexuellement), contre les risques de grossesse, et sur l'importance de cet acte.

Témoignages
d'intervenantes :

(Hélène Manseau, professeure de sexologie)

Si j'ai développé en moi le germe d'avoir de l'affection pour moi-même, et si au tréfonds de moi mon amitié face à moi-même, mon estime de soi me disent que je suis prêt ou prête à faire l'amour, c'est que je le suis. C'est une grande erreur de faire l'amour pour imiter les autres ou parce que notre partenaire nous oblige à le faire.

(Chantal Asselin, infirmière)

Tu commences d'abord par te poser des questions sur les relations sexuelles. Ensuite tu t'en crées une image dans ta tête. Puis, quand tu approfondis tes connaissances sur l'acte sexuel, tu apprends que, dans l'amour, tu partages tes besoins, tes goûts, tes valeurs, tes satisfactions, ton orgasme, et ton plaisir.

Tu t'aperçois aussi, rien qu'à y penser, que ton coeur bat plus vite, tu te sens plus frémissante, et tu as le goût de vérifier si faire l'amour c'est vraiment comme tu te l'imagines. Certains vont vouloir en faire l'expérience en passant immédiatement à l'acte et peuvent en être déçus. D'autres peuvent le vérifier à partir des connaissances de leurs pairs : ça ne répond pas toujours à leurs questions et ce n'est pas toujours exact. Il y a parfois tant d'idées erronées. Finalement, pour te rassurer, tu peux également en discuter avec un adulte que tu connais bien et les informations que tu recueilleras seront peut-être alors plus avisées.

(Johanne McKay, comédienne)

Il est important de se rappeler que la première expérience sexuelle a des conséquences psychologiques qui marquent la personne. Une

---

1. En France, on utilise l'appellation MST pour maladies sexuellement transmissibles.

mauvaise expérience crée une perte de confiance en soi et un certain dégoût de la sexualité. Faire l'amour est l'acte le plus intime que l'on peut faire avec l'autre. Il est essentiel d'avoir confiance en son partenaire. La relation sexuelle ne doit pas être un acte irréfléchi. Une bonne façon de s'apprivoiser et d'éliminer le stress entourant les rapports sexuels est d'en parler avec son partenaire. Il ne faut pas avoir peur de discuter de ses craintes, de ses attentes.

Il est toujours possible de faire l'amour sans amour, mais le don de soi, la communion des coeurs et la grande intensité que fait naître l'amour seront absents. La confiance et le respect sont des notions très importantes. Les futurs partenaires doivent avoir une confiance mutuelle. Il faut sentir que le partenaire nous respecte et que l'acte se fait dans le respect de soi-même. Lorsqu'on est vraiment prêt ou prête, l'idée de faire l'amour ne doit plus être angoissante. Tout doit se dérouler naturellement, sans pression. Mais il est aussi primordial d'être bien informés des conséquences et d'assumer nos responsabilités face à celles-ci. Les MTS et la grossesse sont des réalités et il ne faut pas croire que cela n'arrive qu'aux autres.

4

Comment faire l'amour?

Judith, 16 ans :

31

Je sors avec mon ami depuis un an et on fait l'amour depuis six mois. On a eu récemment une **franche discussion** suivie d'une dispute car je n'éprouve aucun plaisir, aucune jouissance à faire l'amour avec lui. Aussitôt qu'il obtient son orgasme, il se retire et ça finit là. Au début, **je ne voulais pas le froisser**, je croyais que nous n'étions tout simplement pas encore habitués à faire l'amour ensemble. J'ai très vite compris qu'il ne **se préoccupe que de son propre plaisir**. Je lui ai dit comment je me sentais, **j'ai suggéré aussi certains gestes**. Mais il n'est pas intéressé aux caresses, aux préliminaires. L'autre jour, je lui ai **lancé un ultimatum**. Je lui ai dit que s'il ne faisait pas plus attention à moi dans l'avenir, notre relation se terminerait. Je pense que **l'amour ça se fait à deux**, et il n'est pas normal qu'un seul des deux partenaires ait du plaisir. Je ne suis pourtant pas frigide, j'ai déjà couché avec d'autres gars et j'ai joui. Mon chum doit faire un effort et j'ose espérer qu'il va changer. Depuis quelque temps, il réfléchit à tout ça, et **l'avenir nous dira ce qu'il adviendra de notre couple**.

Conseils de Manuel :

Il n'existe pas de recette magique sur la façon de faire l'amour car cela dépend de chaque couple. Deux êtres sont concernés lors de cet acte amoureux, aussi doivent-ils trouver ensemble comment s'y prendre. Selon moi, faire l'amour englobe tout ce qui se produit avant, pendant et après les rapports sexuels. Ce genre de relations sexuelles constituent une réelle communion des sens. Pour parvenir à faire l'amour de façon à donner du plaisir à l'autre et à en ressentir soi-même, il faut être à l'écoute de l'autre continuellement. Il faut être généreux de sa personne, être disponible à l'autre, et il faut se parler mutuellement de ce qu'on aime dans une relation sexuelle : les caresses, les positions que l'on préfère, les mots qu'on aime entendre dire. Sommes-nous mal à l'aise de poser tel geste ? Préfère-t-on faire l'amour dans le lit ou sur la moquette dans le salon, dans l'atmosphère d'un éclairage cru ou tamisé ? Il faut s'en parler, c'est primordial.

Je pense au couple qui fait l'amour pour la première fois, et même pour la première fois ensemble. Il est très important que chacun fasse part de ses préoccupations, de ses goûts. Bien sûr, si notre partenaire pose un geste qui nous procure beaucoup plaisir, il est important de le souligner au moment où cela se produit car il sera ainsi informé de nos préférences et de nos goûts. Puis, après les rapports sexuels, il est capital de s'en parler : «Oui, j'ai aimé cette caresse pour telle ou telle raison» ou bien «je n'étais pas à l'aise quand tu as dit ces mots-là.» Un tel échange de vues est essentiel pour que les deux partenaires se sentent bien et qu'ils éprouvent du plaisir à être ensemble.

Bien des couples ne sont pas satisfaits quand ils font l'amour en raison du manque de communication entre eux. Certains font l'amour en silence, chacun dans sa bulle sans se préoccuper de l'autre. Bien souvent, après la relation, du fait que l'autre ne se plaint pas ou n'en parle pas, on se dit : «Ah bon, c'était sûrement très bien! Pour ma part, j'ai eu mon plaisir, je suppose qu'elle aussi a eu le sien». Pourtant, ce n'est pas ce qui se passe dans bien des cas. Il faut du temps et bien des discussions avant de parvenir à se sentir au diapason avec son partenaire, à éprouver du plaisir, et à connaître l'orgasme, ce point culminant du plaisir sexuel. Il ne faut pas se mettre dans la tête que nos premiers rapports sexuels seront parfaits ni se décourager s'ils ne le sont pas. Il faut du temps et de la communication pour bien faire l'amour et réussir à combler les deux partenaires.

Il existe certaines conditions préalables, des connaissances fondamentales que tu dois posséder en ce qui a trait aux organes sexuels : il te faut savoir par exemple que ta partenaire ne jouira pas si son clitoris n'est pas excité. Voilà pourquoi tu dois découvrir si ta partenaire est clitoridienne ou vaginale, ou les deux à la fois, pour qu'elle ait un orgasme. Vous devez chacun vous poser des questions dans ce domaine. Si vous ne possédez pas toute l'information recherchée, n'hésitez pas à rencontrer l'infirmière de l'école, ou à vous rendre au *CLSC* le plus près de chez vous, ou à prendre rendez-vous avec un sexologue ou un psychologue et lui poser toutes les questions essentielles afin de ne pas rester dans l'ignorance sur le plan sexuel. Il existe tellement de bons ouvrages qui expliquent très clairement les fonctions des organes génitaux féminins et masculins. De plus, il existe dans toute bonne encyclopédie de beaux schémas explicatifs très bien faits, illustrés avec soin, et que l'on peut facilement consulter dans une bibliothèque. Il serait malheureux que tu passes à côté de données aussi importantes et accessibles avant une relation sexuelle.

Témoignage
Claude, 17 ans :

J'ai sorti avec une fille pendant environ un an. Au cours de cette période, nous faisions l'amour mais elle **n'atteignait jamais l'orgasme**. Je voulais lui faire plaisir, je me sentais mal à l'aise d'être le seul à jouir. On a essayé de toutes les façons possibles : par la pénétration, bien sûr, par la stimulation manuelle, par l'excitation avec la langue, **on a fait des mises en scène, et on en a vraiment beaucoup parlé**. Mais ce problème-là refaisait toujours surface. Finalement, on a mis un terme à notre relation, nous n'étions peut-être **pas faits pour être ensemble** à bien y penser. Après, je me suis posé beaucoup de questions.

J'étais angoissé à l'idée d'**avoir une nouvelle blonde**. Je me disais que ce serait peut-être la même chose avec toutes les filles, que je ne savais pas m'y prendre. Mais par bonheur, la fille avec qui je suis depuis six mois est très différente, et **on s'entend à merveille sur le plan sexuel**. Chacun prend son plaisir et on est tous deux très excités de se faire plaisir mutuellement. Nous sommes très ouverts l'un envers l'autre et tout à fait d'accord à l'idée qu'il faut absolument parler de sexualité dans un couple pour obtenir de bonnes relations.

Témoignages
d'intervenantes :

(Chantal Asselin, infirmière)

Premièrement, révèle à ton partenaire tes expériences passées. Ensuite, parle de tes craintes, de tes désirs et aussi de tes fantasmes. Puis, comme vous en avez parlé dans un premier temps, explore le corps de ton partenaire selon les limites propres à chacun. Si vous désirez poursuivre par une pénétration, c'est possible, mais elle n'est pas essentielle quand on fait l'amour. Et cela, je tiens à le préciser, car plusieurs pensent que la pénétration est absolument primordiale.

(Hélène Manseau, professeure de sexologie)

Faire l'amour, essentiellement, c'est communiquer son plaisir à l'autre et le vivre en présence de l'autre. J'ai ajouté que la masturbation était un exercice nécessaire à la découverte de soi, un exercice important pour se comprendre et communiquer avec les autres. Mais comment peut-on réussir à s'approcher le plus près possible d'un plaisir qui pourrait être satisfaisant ? Et comment vivre dans un milieu intime favorisant des rapports sexuels où on est capable de communiquer ensemble, c'est-à-dire de transmettre à l'autre son amour par le plaisir physique, par l'affection ?

En vérité, il existe des techniques importantes que les filles devraient s'ingénier à découvrir. Une adolescente qui connaît bien son corps, qu'elle a exploré grâce à la masturbation, réussit à déterminer les parties précises de son corps qui peuvent lui procurer beaucoup de plaisir. Pour faire l'amour, elle doit communiquer à son partenaire les techniques qui peuvent le plus favoriser son plaisir.

On a trop longtemps pensé que le gars jouissait exclusivement en éjaculant. Et pourtant, plus on a fait d'enquêtes sur le plaisir sexuel, plus on a découvert que le jeune homme peut vivre d'autres plaisirs sexuels que la génitalité et qu'il serait gagnant d'échanger avec sa partenaire en ce qui a trait aux techniques et aux gestes qui lui font le plus de bien. Car on oublie de dire aux jeunes que le plaisir sexuel est souvent lié à la connaissance du plaisir de soi et du plaisir de l'autre.

5

Pourquoi est-il important de se protéger quand on fait l'amour?

Conseils
de Manuel :

Pourquoi se protège-t-on quand on fait l'amour? comme moyen de contraception pour ne pas tomber enceinte car tu n'es pas forcément prête à avoir des enfants mais aussi pour contrer les risques de MTS. J'ai découvert une petite brochure très imagée *MTS mieux les connaître pour mieux les éviter*, produite par le Ministère de la Santé et des Services sociaux, je te la recommande. Ces maladies se contractent lors de relations sexuelles sans condom avec une personne infectée qui bien souvent ne sait pas qu'elle est infectée.

Témoignage

Sophie, 15 ans :

Je sors avec un gars depuis six mois et il m'a fait comprendre qu'il avait le goût de me faire l'amour. Je n'avais **jamais vécu d'expérience amoureuse** auparavant, mais je me suis dit : «Bon, d'accord, moi aussi je me sens prête. Faisons l'amour!» Mon petit ami a utilisé un préservatif les premières fois, puis il en a eu assez. «Nous avons déjà fait l'amour trois fois en nous protégeant, on se connaît maintenant et il n'y a **plus de danger**. N'aie pas peur, Sophie, faisons l'amour.» Mais moi je nourris certaines craintes, j'ai **peur de tomber enceinte**, de bien d'autres choses aussi. Je sais que **mon chum se drogue**, il pourrait se piquer avec une seringue contaminée et m'infecter. Que risque-t-il de m'arriver? Je ne sais trop quoi penser. Je m'inquiète beaucoup et je ne suis pas sûre d'avoir le goût de **faire l'amour dans ces conditions**.

Comme les signes de la maladie ne sont pas toujours évidents, surtout au début de l'infection, les personnes atteintes peuvent la transmettre sans le savoir. Il existe de graves MTS, et il y en a une particulièrement qui tue : le sida. Personne ne tient à contracter le sida. Si tu veux en apprendre davantage sur cette terrible maladie, appelle *Info MTS-SIDA, Sida-Vie Laval, Info-Sida* ou la *Ligne Info-Sida*.

Voilà une bonne raison pour te protéger quand tu fais l'amour en utilisant toujours un condom de latex. Si ton partenaire veut cesser de mettre son préservatif, je vous recommande de passer tous deux des tests de dépistage de MTS et d'attendre que le médecin vous confirme l'absence d'infection. Si tu changes de partenaire toutefois, réutilise toujours le condom lors de tes relations sexuelles. Discute avec ton chum de la nécessité de vous protéger. Tu devrais toujours placer le condom bien en évidence dès le début de la relation sexuelle. Comme ça tu risques moins de l'oublier.

Je conseille fortement aux couples de consulter un médecin avant même que n'éclate ce fameux problème sur la responsabilité de se protéger. Ce service est offert dans les *CLSC* et il est à la fois très accessible et confidentiel. Tu peux t'y rendre seul ou en couple pour y rencontrer un médecin. Ce dernier est un professionnel de la santé dont une partie du travail consiste à bien conseiller les jeunes en ce qui a trait aux rapports sexuels, aux moyens de contraception et de protection. Il t'expliquera pourquoi il faut te protéger, il t'entretiendra de toutes les conséquences possibles si tu ne te protèges pas. Je crois fermement qu'une visite au **CLSC** te convaincra et démontrera à tous et chacun qu'il est à la fois nécessaire, indispensable et vital de se protéger quand on fait l'amour.

Témoignages d'intervenants :

(Patricia Trudel, bachelière en travail social)

Faire l'amour sans protection devrait faire partie une fois pour toutes des pratiques sexuelles du passé. Même si les MTS ont toujours existé, il est davantage nécessaire de se protéger de nos jours. C'est d'ailleurs une question de vie ou de mort désormais avec le sida, d'autant plus qu'aucun médicament actuel n'assure la guérison totale de cette effroyable maladie.

Non seulement est-ce une question de respect mutuel, mais utiliser un condom est également un des plus beaux gestes d'amour qui soit. Quand on apprend à bien s'en servir, ce préservatif masculin évite bien des complications futures : des grossesses non désirées, des MTS, et surtout le VIH (virus d'immunodéficience humaine, virus responsable du sida), duquel personne n'est à l'abri.

(Hélène Manseau, professeure de sexologie)

Pour ne pas mourir, c'est aussi simple que ça. Se protéger, ça veut dire s'aimer suffisamment pour ne pas mettre sa vie en danger, et ne pas compromettre aussi son avenir de fertilité. On parle souvent du sida, on parle souvent de la mort, et combien de gens ont malheureusement cette triste réalité sous les yeux tous les jours, mais on oublie cependant qu'un nombre considérable d'adolescentes, à cause de relations sexuelles non protégées, sont devenues stériles très jeunes : après avoir eu une blennorragie, ou après avoir été infectées par la chlamydia. Et ça, on n'y pense pas quand on est jeunes, car souvent on n'a pas encore envisagé d'avoir des enfants plus tard. C'est pourquoi les jeunes femmes doivent réfléchir au fait que des relations non protégées peuvent les mener à très court, moyen, ou long terme, à des problèmes d'infertilité ou de stérilité, et les empêcher d'avoir des enfants.

Par ailleurs, il est démontré que, si on prend l'habitude de se protéger dès les premières relations sexuelles, on adopte ce comportement pour de bon, comme le casque de sécurité à vélo. Donc n'hésitez pas à vous prémunir d'un condom ou deux s'il le faut la première fois que vous ferez l'amour.

(Sida-Vie Laval)

De concert avec les autres ressources du milieu, **Sida-Vie Laval** veut permettre aux personnes vivant avec le VIH/sida de travailler à l'amélioration de leur qualité de vie, en leur fournissant des informations, du soutien et un lieu d'appartenance. **Sida-Vie Laval** a aussi une mission de prévention auprès de la population. Si vous avez des projets, des idées d'activités ou de services, venez nous voir. Nous vous aiderons à les concrétiser et à en faire profiter d'autres personnes. Ensemble, nous pouvons réussir de grandes choses.

(Julie Deslauriers, porte-parole de Sida-Vie Laval)

Depuis le téléroman *Chambres en ville* où mon personnage, celui de Caroline Béliveau, mourait du sida, le désir m'est venu d'associer mon nom à un organisme venant en aide aux personnes atteintes de cette grave maladie. J'ai choisi de m'engager dans cette lutte contre le sida parce que la vie peut parfois être si courte, trop courte pour ceux qu'on aime et qui, un jour, ont pris un risque de trop. Et c'est avec **Sida-Vie Laval** que j'ai décidé de collaborer à titre de porte-parole de ce centre d'aide et de référence pour les gens vivant avec le VIH/sida, et pour leurs proches. Presque trois ans que nous cheminons ensemble, pour rien de moins que la vie !

Qu'est-ce que le plaisir sexuel?

Conseils
de Manuel :

Selon la définition du dictionnaire le plaisir sexuel représente une jouissance, une satisfaction sexuelle très grande. Il consiste donc à tirer une certaine satisfaction et une jouissance physique lors de relations sexuelles, qu'elles soient complètes ou non, car la pénétration du pénis dans le vagin n'est pas obligatoire pour éprouver du plaisir sexuel. Cela peut se faire de différentes façons : une stimulation avec les doigts, avec la langue, ou grâce à des attouchements. Quand on ressent un réel plaisir sexuel, on trouve cela agréable et on a le goût de recommencer. C'est là la base de relations sexuelles harmonieuses.

Certains rapports sexuels se déroulent sans que le plaisir soit partagé car un seul des deux

Témoignage
Michel, 16 ans :

Avant de commencer à fréquenter des filles, je ne connaissais pas vraiment l'anatomie du corps humain féminin. Je ne savais pas ce qu'était un clitoris, je ne savais pas **comment donner du plaisir** aux filles, et je ne m'étais jamais sérieusement intéressé à tout cela. J'étais sûr de pouvoir atteindre l'orgasme et d'éjaculer grâce à la masturbation, la fellation ou la pénétration mais sans pour autant savoir **de quelle façon les filles jouissent**. Depuis, j'ai suivi un cours de sexologie, je ne vois plus la sexualité de la même façon et je connais davantage le corps de la femme. Je suis alors **capable non seulement d'éprouver du plaisir mais également d'en donner**. Je pense que cela fait de moi **un meilleur amant, un être plus complet**.

39

partenaires en éprouve. Bien souvent ce sont les filles qui en souffrent plus que les gars. Avoir du plaisir sexuel avec quelqu'un et parvenir à atteindre l'orgasme exigent une réelle communication entre les deux personnes concernées. Ta nouvelle blonde n'appréciera pas nécessairement les gestes que ton ancienne petite amie aimait. Chaque personne est différente. Si on ne parle pas de nos anciennes expériences avec le nouvel amant, ou la nouvelle petite amie, si on ne cherche pas à savoir si l'autre aime tel ou tel geste, si on ne dialogue pas, le plaisir sexuel sera plus difficile à atteindre.

Témoignage

Rachelle, 17 ans :

Depuis un an nous avons régulièrement des relations sexuelles mon ami et moi, et **je lui fais chaque fois du cinéma** en simulant l'orgasme. Au début, je ne voulais pas lui faire de peine. Je me disais que la **situation s'améliorerait avec le temps** et que j'y trouverais aussi mon plaisir. Mais voilà, depuis un an, rien n'a évolué, toujours pas de plaisir, et pas d'orgasme. Pourtant, je continue encore de faire semblant de jouir pour ne pas l'attrister. Comment lui en parler ? Comment va-t-il réagir de savoir que je lui mens depuis un an ? Même si je lui expliquais avoir agi ainsi en pensant d'abord à lui, je crois bien qu'il me laisserait tomber quand même. Plus jamais je ne referai ça. Il **faut régler tout de suite les problèmes ou les différends**, au fur et à mesure qu'ils se présentent. C'est très important.

Je pense qu'on peut avoir du plaisir lors de relations sexuelles sans nécessairement atteindre l'orgasme. Si cela arrive, il ne faut pas conclure : «Je n'ai pas joui, je n'ai pas eu d'orgasme, ces relations n'ont servi à rien, c'était du temps perdu.» Il peut arriver qu'un gars n'atteigne pas l'orgasme mais qu'il procure beaucoup de plaisir ou qu'il fasse jouir sa partenaire. Il en tirera tout de même une grande satisfaction. Il se fera peut-être la réflexion suivante : *«Je ne suis pas obligé d'éjaculer chaque fois que l'on fait l'amour».* L'inverse est également vrai ; il peut arriver aux filles d'être quand même comblées malgré l'absence d'orgasme.

Quand deux personnes réussissent à atteindre l'orgasme lors de rapports sexuels, elles en retirent une grande satisfaction, elles se rapprochent davantage sur le plan moral et sur le plan émotif. Cela leur permet aussi de libérer physiquement beaucoup de pulsions. Lors de rapports sexuels continus, il faut absolument que le plaisir sexuel soit partagé, sinon un des deux accumulera des frustrations et, tôt ou tard, cette relation se soldera par un échec. Il faut dialoguer et tenter de régler les problèmes aussitôt qu'ils surgissent. Le mot clef est la communication.

Témoignages
d'intervenantes :

(Hélène Manseau, professeure de sexologie)

Le plaisir sexuel, comme tous les plaisirs, est quelque chose d'extrêmement simple et de compliqué à la fois. C'est un plaisir relié à nos émotions et à notre corps. On ressent parfois du plaisir mais nos émotions diluent ce plaisir ou l'accentuent. Dans la sexualité, le plaisir varie d'une personne à l'autre, d'une journée à l'autre, ça dépend de notre état affectif et émotif.

Mais le plaisir encore une fois est un état qu'on doit cultiver. Il est paradoxal d'obtenir du plaisir à partir d'images qui nous déplaisent. Et ça aussi, ça rend le plaisir très complexe, car une femme pourrait très bien se dire : «*Comment se fait-il que moi, Nathalie, j'ai du plaisir à imaginer que je suis une prostituée, comme si j'interdisais le plaisir à cette femme que je suis vraiment, et que j'avais besoin de jouer un rôle pour obtenir du plaisir.*»

En soi, ce n'est pas mauvais, dans la mesure où on a conscience que c'est au niveau de l'imaginaire érotique qu'on y a recours, car le plaisir est quelque chose de mystérieux. Mais il faut s'aimer soi-même suffisamment pour accepter ces écarts au niveau de notre imaginaire, et il faut tenter, à travers des expériences, d'être de plus en plus en harmonie avec nos affections, nos désirs, nos idéaux, et avec ce qu'on ressent dans notre corps.

(Chantal Asselin, infirmière)

Il faut premièrement définir pour chacun ce qu'est une relation sexuelle. Ensuite, il faut préciser pour chacun aussi la satisfaction sexuelle, donc l'orgasme, et tout ce qui l'entoure. Le plaisir sexuel, c'est quand la relation sexuelle avec ton partenaire a été satisfaisante, qu'il y ait eu ou non orgasme, ou pénétration.

Quelles sont les différences entre les gars et les filles, du point de vue affectif, dans les relations sexuelles?

Conseils de Manuel :

D'après mes propres observations, j'ai constaté en général que les filles font l'amour pour se prouver que leur relation de couple va bien et dans le but de témoigner leur amour. Évidemment, je ne dis pas que les filles ne cherchent pas à éprouver du plaisir sexuel, un plaisir physique en faisant l'amour, non, mais il y a également pour elles une dimension sentimentale qui entoure l'acte d'amour. Les gars, eux, ont plutôt tendance à l'associer à une performance sexuelle. Autrement dit, quand un gars fait l'amour avec sa petite amie, ce n'est pas pour lui prouver d'abord et avant tout qu'il l'aime encore, mais surtout pour l'excitation physique.

Les filles recherchent davantage la douceur, le sentiment, la communion des coeurs et des corps que les gars lors des relations sexuelles. Dans certains cas, les gars veulent se prouver à eux-mêmes qu'ils sont encore sexuellement performants. On constate alors qu'avec le temps, l'amour dans un couple risque de se développer en parallèle. La fille accorde une part importante aux sentiments dans l'acte sexuel tandis que le gars considère plus cet acte comme purement physique.

C'est peut-être pourquoi tant de filles se plaignent du peu de préliminaires : «Tu ne me touches pas, tu ne me caresses pas avant de me pénétrer. Quand tu te retires, tu t'en vas te laver dans la salle de bains, et tout s'arrête là. Dis-moi pourquoi on ne se parle jamais? Et pourquoi on ne reste pas enlacés à faire durer le plaisir?» Elles sont nombreuses à ajouter d'ailleurs : «Oui, les gars font l'amour de façon bestiale, ils nous sautent dessus, on dirait qu'ils le font seulement pour "se vider", puis tout de suite après, ils passent à autre chose et ils s'imaginent ainsi nous avoir prouvé qu'ils nous aimaient.» Cela peut créer un sérieux problème de communication dans bien des couples car le gars en général ne privilégie pas assez les sentiments lors de rapports sexuels tandis que pour la fille c'est tout le contraire. Les

Témoignage

Roxanne, 17 ans :

Pour mes premières relations sexuelles complètes, je suis tombée sur **un vrai bon gars**. Je n'avais jamais fait l'amour auparavant, mais lui oui. On en a parlé longuement avant et il a attendu que je sois prête. On a beaucoup discuté de ce qu'on préférait comme caresses et, quand on a fait l'amour la première fois, il était **très à l'écoute**, il a pensé davantage à mon plaisir qu'au sien. Par contre, je n'ai pas éprouvé tellement de plaisir car **c'était ma première fois et j'étais stressée**. Mais depuis qu'on fait l'amour ensemble, mon amoureux garde la même attitude : il reste attentif à moi et j'ai vraiment l'impression qu'on forme un seul être. On est vraiment bien ensemble.

Mes amies de filles me considèrent chanceuse, elles ne se sentent pas comprises par leurs chums et elles recherchent dans leurs relations sexuelles **des preuves d'amour** de leur part. À vrai dire, si leurs amoureux étaient vraiment **empressés et sensibles à leurs désirs**, s'ils ne faisaient pas l'amour de façon égoïste en ne pensant qu'à eux-mêmes, mes amies ne sentiraient pas le besoin de leur demander de prouver leur amour, elles diraient simplement : «J'aime faire l'amour avec toi», car leurs petits amis auraient compris que c'est en pensant à l'autre autant qu'à soi-même qu'on prouve son amour. J'espère que ça restera ainsi entre mon ami et moi car je voudrais être avec lui toute ma vie. Quand nous faisons l'amour, nous vivons ensemble une réelle communion, **une fusion de nos corps et de nos cœurs**.

couples devraient apprendre à composer avec cette différence fondamentale entre les gars et les filles.

Témoignage

Manon, 15 ans :

Je sors avec mon petit ami depuis un an et on a commencé à faire l'amour très tôt, deux ou trois semaines après notre première rencontre. Il avait déjà fait l'amour avant et moi aussi. Pour ma part, je n'ai **pas eu plusieurs expériences sexuelles auparavant**. Au début, je ne trouvais pas cela vraiment formidable de faire l'amour avec lui, on ne se connaissait pas suffisamment, mais depuis, je vois bien que mon petit ami **vit dans son propre univers** quand il fait l'amour avec moi : il ne me parle pas ou bien il me dit des choses pour se faire plaisir à lui-même. En plus, on fait toujours l'amour selon la même formule, on adopte **tout le temps les mêmes positions**.

Je me rends compte aussi qu'il fait l'amour pour se valoriser sur le plan sexuel et pour se prouver qu'il est capable de faire jouir une fille **comme la plupart des gars**. Mais même si une fille atteint l'orgasme, ce n'est pas nécessairement une « bonne baise » pour autant, et ça ne veut pas dire non plus que le gars fait super bien l'amour. Je trouve cela pitoyable de **vivre en parallèle** et j'ai l'impression que c'est ce que nous faisons mon petit ami et moi depuis un an.

Témoignages
d'intervenantes :

(Chantal Asselin, infirmière)

Au début de l'adolescence, les jeunes filles sont souvent beaucoup plus centrées sur le romantisme « à l'eau de rose ». Elles ont de la difficulté à définir elles-mêmes les différentes formes de romantisme démontrées par leurs soupirants. Leurs attentes sont très grandes, pas d'essais ni d'erreurs pour elles. Je les trouve beaucoup moins spontanées que les garçons. Elles veulent que ça « marche » sinon elles ne se sentent pas à la hauteur. La qualité de la relation doit être excelente tout de suite sinon elles se remettent elles-mêmes en question. Je trouve dommage que les filles se bornent dans leur esprit à ce que leur première relation soit le summum. J'aurais le goût de leur dire : «Écoute, ce sont les marches de ton escalier à gravir pour te rendre vers la bonne personne à aimer, sois patiente.»

Les garçons, eux, se concentrent davantage sur l'orgasme, sur leurs performances sexuelles. Ils explorent pour voir la différence d'une fille à l'autre, et vérifient leurs prouesses auprès d'une fille ou d'une autre. Mais en même temps, ils découvrent qu'une forme de romantisme s'installe et que leurs sentiments sont parfois différents pour l'une plus que pour l'autre. Je crois que c'est à ce moment-là que les filles et les gars se rejoignent.

(Hélène Manseau, professeure de sexologie)

Il existe bien sûr des différences majeures entre les gars et les filles du point de vue hormonal. Grâce à la testostérone et à la forme de ses organes génitaux, le gars ressent plus sa libido; ses érections sont fréquentes et, au plan affectif, on dit parfois que le gars a un pénis à la place du coeur. C'est un peu vrai car il est guidé physiquement par son organe sexuel, surtout à l'adolescence. C'est pourquoi le jeune homme ne recherche pas nécessairement de l'affection ni un engagement lors des relations sexuelles. Il satisfait davantage une tension physique beaucoup plus que la fille dont le désir sexuel est axé sur son état affectif.

En effet, la fille voudrait au fond que sa jouissance soit affective, issue de l'amour romantique par exemple, ce qui crée évidemment beaucoup de difficultés entre les gars et les filles. La solution pour un rapprochement, c'est que la fille soit plus près de son corps, qu'elle apprenne à s'aimer et à attendre le moment propice pour faire l'amour. Et si elle a appris à découvrir son corps, elle va aider son partenaire à explorer son corps à elle, avec elle et, par conséquent, son affectivité. Ce faisant, elle exprimera par une bonne communication les émotions qu'elle voudrait ressentir, ou le coeur et les sentiments qu'elle voudrait que son copain investisse dans leurs relations sexuelles.

D'ailleurs, cette différence fondamentale crée beaucoup de désillusions de part et d'autre, car le gars trouve que la fille veut trop qu'il s'engage, alors que lui recherche en général un plaisir presque exclusivement sexuel. Cependant, plusieurs garçons ont appris très jeunes, par leur éducation, à vivre leurs émotions à la fois au plan physique et au plan verbal. C'est un atout pour le jeune homme d'apprendre très tôt à exprimer ses sentiments car son physique ne le dominera pas autant lors des rapports sexuels. Et si la fille par surcroît apprend à connaître son physique, son corps, son état affectif la dominera moins et elle se rapprochera davantage du garçon.

8

Je suis en amour depuis quelque temps avec mon meilleur ami, ou avec ma meilleure amie. Que dois-je faire?

Témoignage

Mélissa, 16 ans :

Je suis tombée en amour avec mon meilleur ami. Il est mon confident depuis deux ans. **Il sait tout de moi** et sans trop m'en rendre compte, je suis devenue amoureuse de lui. Je craignais beaucoup de lui avouer mon amour. J'avais peur de le perdre. Quand je lui ai avoué, j'ai eu la surprise d'apprendre qu'il éprouvait **le même sentiment pour moi** mais il n'osait me le dire. Notre amitié, nos souvenirs en commun, ce respect l'un de l'autre que nous avons cultivé nous a grandement aidés à entreprendre une relation amoureuse Il est vraiment possible de tomber en amour avec son meilleur ami. **Pour nous c'est merveilleux**.

Conseils **de Manuel :**

Tomber en amour avec son meilleur ami ou avec sa meilleure amie est un événement qui survient fréquemment. Tu n'es donc pas le seul ou la seule à vivre quelque chose de semblable. À force de côtoyer sa meilleure amie, d'apprendre à la connaître, d'avoir du plaisir avec elle, de rire ensemble, de se faire des confidences, et même de pleurer parfois, on développe des liens beaucoup plus étroits, plus intimes. Certains traits de son caractère ou de sa personnalité ressortent et nous séduisent. On a envie de réentendre ce rire inoubliable, on a le goût de retrouver cette façon qu'elle a de nous écouter, on meurt d'envie de regarder dans les yeux de l'autre et de se sentir vraiment compris et aimé. On devient alors amoureux sans vraiment sans rendre compte car la frontière entre l'amour et une très grande amitié est si subtile à reconnaître.

Témoignage

Guillaume, 15 ans :

Je suis tombé amoureux de Denise, ma grande amie depuis plusieurs années. Je la trouvais parfaite et **je la connaissais tellement bien**. Quand elle a su que je l'aimais, elle a **préféré prendre ses distances** et j'ai trouvé cela très difficile. Elle ne se sentait pas bien vis-à-vis cette situation. On se parlait encore mais **plus comme avant**. Aujourd'hui, quelques mois seulement après avoir avoué mon amour à Denise, j'ai une blonde. On dirait que le fait d'avoir une blonde **a aidé à rétablir ma relation** avec ma meilleure amie. Même si notre relation a changé, notre amitié est toujours vivante. C'est **ce qui comptait vraiment** pour moi.

Quand cela se produit, il faut le dire à l'autre le plus tôt possible en acceptant les conséquences et au risque de perdre même son amitié. À partir du moment où l'un des deux tombe amoureux de l'autre, ce n'est plus une relation d'amitié mais bien une relation amoureuse qui se développe. La dynamique n'est plus la même, la relation entre le gars et la fille ne peut plus être la même non plus car l'un envisage leurs rapports sous l'angle de l'amitié tandis que l'autre les considère amoureusement. On ne se parle plus et on ne réagit plus de la même façon. Ton ami pourrait en être apeuré, puis se sentir mal à l'aise en raison de l'aveu de tes sentiments amoureux à son endroit, et préférer ne plus te voir.

Si le sentiment amoureux est partagé, tant mieux ; si ce n'est pas réciproque cependant, tu devrais prendre une décision. Si tu choisis de poursuivre cette amitié en sachant que l'autre ne peut pas te donner l'amour que tu cherches, il te faudra dans ces conditions assumer toutes les conséquences que ton amour à sens unique entraînera.

Témoignage
d'un intervenant :

(Sylvain Turgeon, psychothérapeute et préventionniste)

L'amour est l'un des plus beaux sentiments qui existent sur terre. Par conséquent, si tu éprouves de l'amour pour quelqu'un, il est important que tu lui dises. Si tu vibres d'amour pour ton meilleur ami, tu lui as certainement fait plusieurs confidences au cours de votre amitié, il serait donc capital à cette étape-ci de lui avouer ce que tu ressens pour lui, de lui faire part de tes sentiments.

Ton ami mérite que tu le lui dises. Tu lui fais confiance, tu apprécies son honnêteté et il en attend tout autant de toi. Si tu lui caches, ça créera une certaine ambiguïté entre vous : rien ne sera plus pareil. Il est primordial que vous vous en parliez afin de privilégier cette honnêteté que vous voulez conserver l'un pour l'autre.

9

Mon chum veut me laisser car je n'accepte pas de faire l'amour avec lui. Que dois-je faire?

Conseils de Manuel :

Dans la vie, personne n'a le droit de forcer quelqu'un d'autre à faire quelque chose contre son gré. C'est là un principe de base. Quand on affirme aimer quelqu'un, il faut le laisser libre aussi : c'est là une des premières règles de l'amour. Si un gars exerce des pressions, force ou impose à une fille de faire l'amour en lui disant : «Écoute, si tu ne veux pas faire l'amour avec moi, je vais te laisser». Ce garçon fait preuve d'un manque de respect total et de peu de maturité. Si ton petit ami t'aime vraiment, il comprendra que tu n'es pas encore prête à faire l'amour. Parles-en avec lui et dis-lui : «Écoute, tu me fais du chantage, tu me dis que si je ne fais pas l'amour avec toi, tu vas partir, tu vas aller en voir une autre. Je trouve ça ridicule. Je ferai l'amour avec toi quand je me sentirai enfin prête.» Le chum idéal, dans cette même situation, répondrait : «Bon d'accord, ça me frustre car j'ai un besoin sexuel. Je te désire, je te trouve belle, j'aurais le goût de faire l'amour, mais je comprends que tu ne sois pas prête, je comprends que tu veuilles attendre.»

Quand une fille dit ces choses-là à son petit ami ce n'est pas qu'elle ne l'aime pas, ce n'est pas un vote de non-confiance, ce n'est pas non plus un manque d'amour, elle n'est tout simplement pas prête physiquement et psychologiquement à faire l'amour. C'est aussi ça l'amour :

être honnêtes l'un envers l'autre et se dire les vraies choses. Prends tout ton temps avant d'accepter de faire l'amour. Assure-toi que le gars n'est pas avec toi juste pour une semaine ou deux dans le but de parvenir à faire l'amour avec toi, puis, de te quitter pour refaire le même manège avec une autre. Je le répète, faire l'amour c'est quelque chose de sérieux, d'important, c'est tout un événement dans la vie, ce n'est rien de banal. On ne fait pas l'amour comme on achète une tablette de chocolat, et pour cette raison, il faut que les deux personnes soient prêtes, aient le goût de le faire, se protègent adéquatement, et le fassent d'un commun accord. Dans de telles conditions, l'acte d'amour a bien plus de chances d'être une belle expérience qu'on aura le goût de revivre encore et encore.

Témoignage
Nancy, 17 ans :

À 15 ans, j'ai vécu une expérience plutôt désolante. Je m'étais **amourachée d'un gars** et il savait très bien que j'aurais fait n'importe quoi pour lui plaire. Il était **le don Juan du coin** et je voulais qu'il sorte avec moi. Peu après notre rencontre, il me **pressa de faire l'amour**. J'hésitais beaucoup, mais un soir, lors d'une fête, l'alcool aidant, j'ai finalement fait l'amour pour lui faire plaisir. **Ça s'est passé en deux temps trois mouvements** dans une pièce du sous-sol. Comble de malheur, il m'a laissée tomber le lendemain pour partir avec une autre. Un, **je me suis fait larguer**, deux, je lui ai donné ce qu'il voulait, trois, **ça ne m'a absolument rien apporté de bon**, et quatre, j'ai manqué de respect envers moi-même. C'est important dans la vie de respecter nos envies et non pas de se soumettre aux désirs de l'autre. **Aujourd'hui j'ai mûri**, et je fais clairement comprendre à mes chums qu'il me faut être prête avant de faire l'amour.

51

Témoignages
d'intervenantes :

(Chantal Asselin, infirmière)

Si tu ne te sens pas prête à avoir une relation sexuelle avec lui, laisse-le partir. Il doit respecter ton choix, tes sentiments, ton rythme. Il n'est peut-être pas rendu à la même étape que toi. Si, par contre, tu es prête à vivre des rapports sexuels avec ton chum même si ses propos ou son attitude t'ont frustrée, tu peux peut-être faire l'amour avec lui simplement pour découvrir comment on se sent quand on fait l'amour avec celui qu'on aime. Tiens quand même compte du fait que dans une semaine, un mois ou six mois, vous ne serez peut-être plus ensemble.

(Patricia Trudel, bachelière en travail social)

C'est vrai que les peines d'amour sont déchirantes et font mal. Mais il n'en demeure pas moins que tous les jeunes un jour ou l'autre en vivront une, si ce n'est plusieurs, avant même d'avoir 20 ans. Réconforte-toi en te disant que le temps cicatrise bien des choses...

Si ton copain refuse d'attendre que tu te sentes prête et qu'il te brusque pour faire l'amour, peu importe les menaces proférées, cela ne devrait pas affecter ta décision. Si tu veux un chum respectueux, tu dois d'abord te respecter. Obéis à ton rythme intérieur, tu as le choix. Il est reconnu que les premières relations sexuelles sont souvent décevantes, imagine en plus si tu t'es sentie obligée d'en avoir.

Témoignage

Denis, 16 ans :

J'ai fait l'amour pour la première fois à 13 ans. Puis, j'ai eu quelques copines qui **ont traversé le ciel de ma vie comme des étoiles filantes**. À présent, je fréquente Mélanie depuis un an. Quand je l'ai rencontrée, elle avait vécu une mauvaise expérience avec son ancien chum qui l'avait forcée à faire l'amour même si elle ne se sentait pas prête. Elle a finalement cédé pour lui faire plaisir. Ce fut pour elle une **expérience désastreuse**. Le gars lui a ensuite reproché de ne pas savoir faire l'amour, de ne pas être déniaisée, puis, **il l'a laissée tomber**.

Il lui a fallu du courage pour me confier à quel point cela l'avait marquée. Au moment où j'écris ces mots, nous n'avons pas encore fait l'amour. C'est une **preuve d'amour supplémentaire** pour elle. Quand elle sera prête, on va s'en parler, on va bien se préparer, puis, quand on fera enfin l'amour, **on ne le fera pas n'importe comment**, à la sauvette, on le fera avec nos sentiments, notre amour, notre désir, notre respect l'un de l'autre.

Comment guérir d'une peine d'amour?

Conseils
de Manuel :

Voilà un problème dont on entend parler souvent et qui ne change pas tellement au fil des années. Elle l'a laissé, il l'a laissée, elle vit une grande peine d'amour, et lui il a mal. Malheureusement, je ne peux fournir de recette miracle pour t'aider à guérir de ta peine d'amour, ni de recette magique à suivre qui ferait qu'au bout de deux jours, ta douleur se serait envolée. En fait, tu en as marre de souffrir, de brailler le soir, d'être déprimé, d'être fatigué, de n'avoir plus le goût de rien. Tu dois vouloir t'en sortir; cela nécessite beaucoup de volonté et c'est une démarche différente pour chacun car aucun être ici-bas ne souffre avec la même intensité. Nous sommes tous à égalité sur ce

Témoignage
Michaël, 16 ans :

Je sortais avec ma blonde depuis un an et demi et elle **m'a laissé tomber du jour au lendemain**. Ça fait maintenant deux mois que nous ne sommes plus ensemble. Je pense à elle tout le temps, continuellement, chaque instant, je n'ai qu'elle en tête. Je trouve ça très pénible car je la vois à l'école, je regarde nos photos, je **ressasse nos souvenirs**; j'en suis obsédé et j'ai vraiment l'impression que ça va me prendre beaucoup de temps avant de l'oublier. Je ne sais pas quoi faire pour m'en détacher et **je me demande sérieusement s'il existe une recette miracle**. Si c'était le cas, je paierais cher pour l'obtenir.

point : il n'y a que le temps qui puisse arranger les choses dans le cas d'une peine d'amour. D'un autre côté, tu dois te protéger car quand on a une peine d'amour il ne faut surtout pas par nos agissements prolonger le mal, l'amplifier.

Je sais que tu voudrais, dans ces moments-là, que le mal s'arrête tout de suite et il est tout à fait normal de penser ainsi. Toutefois, la meilleure solution pour guérir d'une peine d'amour selon moi est la suivante : il faut complètement «perdre le contact» à la fois visuellement et en pensée. Si tu as mal parce que ton chum t'a laissée et que tu t'organises quand même pour te retrouver avec lui à la récréation ; si tu penses à lui le soir, le matin, et que tu passes tes nuits à pleurer, eh bien, tu peux être sûre que tu vas patauger encore longtemps dans ton mal. Rompre tout lien constitue la seule façon à mon sens de prendre du recul et de réfléchir.

Après avoir pris un certain recul, tu sauras beaucoup mieux où tu en es dans ta vie. Il est préférable de laisser passer le temps car bien souvent après quelques semaines ou quelques mois à peine, tu te surprendras à dire qu'au fond ce n'était peut-être pas si pire que ça ta peine d'amour. C'est sûr aussi que si tu ne voyais plus personne afin d'être toujours avec ton chum, tu te retrouves aujourd'hui complètement seule et déprimée. Essaie de revoir les amis que tu as quelque peu négligés, demande-leur du réconfort, leur soutien. Sors de ta chambre, rétablis ton réseau social, fais des activités, et ne répète pas la même erreur dans une future relation. Ne te consacre plus exclusivement à ton chum en laissant de côté tes amitiés de longue date.

N'oublie pas qu'il est difficile de s'engager dans une autre relation quand on n'a pas tourné la page. Tu dois faire le deuil de ton ancienne relation. Tu dois prendre le temps nécessaire pour guérir. Tant que tu ne seras pas complètement guérie, tant que tu l'auras encore en tête, tu pourras difficilement être amoureuse de quelqu'un d'autre. Il faut que tu en arrives à pouvoir revoir ton ancien petit ami sans te faire mal. Mais tant et aussi longtemps que tu n'auras pas fait ton deuil de ton amour passé en rompant tout lien, je suis persuadé que tu ne guériras pas de ton mal et qu'il te sera très difficile de tomber en amour à nouveau.

Noémie, 15 ans :

Au début, quand mon chum m'a laissée, j'ai continué de le voir. **Cela me semblait naturel de vouloir le garder dans ma vie**. Je trouvais cela trop pénible de me retrouver toute seule. J'allais le rencontrer à l'école, je continuais de lui parler, **de lui téléphoner comme quand on sortait encore ensemble**. Je pensais à lui très souvent. Ma meilleure amie voyait bien mon manège, j'étais toujours déprimée et malheureuse. Alors elle m'a fortement conseillé de **couper complètement les ponts** avec lui sinon je ne m'en sortirais jamais. En l'entendant, je me suis fâchée contre elle. Je lui répétais qu'elle ne savait pas ce qu'était une peine d'amour, et qu'à ma place, elle n'aurait pas fait mieux que moi. À force d'en parler avec cette grande amie, j'ai compris qu'elle avait raison. Ce fut très difficile de cesser toute relation avec lui mais **je dois reconnaître que je pleure moins** et que je suis plus heureuse au réveil le matin. J'ai enfin accepté notre séparation. Aujourd'hui, j'aime quelqu'un d'autre et j'en suis ravie.

55

Témoignages

d'intervenantes :

(Patricia Trudel, bachelière en travail social)

Le temps guérit… Tu as sûrement déjà entendu ça ? Eh bien, c'est vrai. Quand notre amour nous laisse, on a l'impression que c'est la fin du monde. Ça fait mal et souvent on a le goût de pleurer. C'est correct et c'est sain de vivre ces émotions.

Si tu te sens seul(e), confie-toi à tes amis ou à des proches en qui tu as confiance. Ne t'empêche pas de sortir; au contraire, ça t'aidera à te changer les idées. Si tu t'isoles, tu auras tendance à déprimer. Alors parles-en, mais active-toi aussi!

Apprendre à être bien avec soi-même, «bien vivre» son célibat avant de se retrouver avec quelqu'un d'autre, ça fait partie du processus. Prends ton temps. Rappelle-toi qu'on a à peu près tous à passer par là.

✍ (Johanne Langlois, psychologue)

L'intensité des sentiments, voilà la principale caractéristique du vécu d'un adolescent. Il vit tout de façon excessive, autant le drame que le bonheur extrême, alors imaginez à quel point sa peine d'amour est tragique. D'après mon expérience auprès des adolescents, ces derniers parviennent à se faire une raison quand ils prennent conscience qu'ils ont déjà vécu au cours de leur vie des moments très difficiles, dont ils ne croyaient jamais pouvoir se remettre. Puis finalement, avec le recul, ils se rendent compte qu'ils y sont pourtant parvenus : ils ont passé au travers et la même chose va certainement se produire cette fois-ci encore. Ils vont rencontrer quelqu'un d'autre, puis, à un moment donné, avec le temps, en jetant un regard en arrière, ils comprendront que leur peine d'amour était bien éprouvante sur le moment, mais qu'ils sont beaucoup mieux ainsi aujourd'hui et satisfaits d'avoir rompu. C'est pourquoi j'estime important de faire ce parallèle avec le passé.

D'autre part, quelles sont les raisons qui ont mené à cette rupture ? As-tu laissé ton chum ? Est-ce lui qui t'a laissée ? Est-il parti avec une autre fille ? Parfois on s'accroche à un amour... Par contre, les raisons qui ont motivé cette séparation ne sont pas sans rappeler les insatisfactions, les aspects plus ou moins désagréables qui sont à la base de cette rupture. On a trop souvent tendance à les oublier quand on décide de renouer avec notre partenaire, et ces aspects plus désolants reviennent pourtant en force.

Ce qui amplifie souvent la peine d'amour, c'est ce sentiment d'avoir perdu la première place dans le coeur de notre ex-partenaire. C'est pourquoi il est important à cette étape-ci de redécouvrir la très belle personne que l'on est, de se dire qu'on est beau et qu'on est fin, plutôt que de se critiquer en se disant : «*Si j'avais fait telle ou telle chose, si j'avais agi autrement, peut-être que....*» Ce genre de raisonnement ne servira qu'à dramatiser davantage le problème et la peine d'amour n'en sera que plus grande. Au contraire, il faut rechercher en nous les admirables ressources que nous possédons, les charmantes facettes de notre personnalité qui nous permettront de rencontrer une personne qui nous conviendra davantage. Et le plus beau cadeau que nous a apporté cet amour autrefois ressenti est de savoir que *je suis unique,* que mon coeur a cette merveilleuse capacité d'aimer, et que j'ai cette merveilleuse capacité de m'émouvoir face à la vie.

11

À quels signes puis-je reconnaître que j'ai des tendances homosexuelles?

Témoignage

Marie-Claude, 16 ans :

Ma meilleure amie m'a révélé récemment qu'elle se sent attirée par moi. Le problème pour elle c'est que **ce n'est pas un sentiment partagé**. Je l'aime bien, mais **je n'ai pas le goût de l'embrasser et j'ai encore moins envie de coucher avec elle**. Je ne sais comment le lui dire ni quelle sera sa réaction quand je lui annoncerai, mais **j'ai surtout peur de la perdre comme amie**. Je ne veux pas que cela se produise ! Il faut que je trouve une manière de lui faire comprendre que je ne suis pas attirée par elle. Je tiens à ce qu'elle sache que **je ne la juge pas pour autant** et que je veux rester son amie. Mais je ne sais vraiment pas comment m'y prendre.

Conseils de Manuel :

Les premiers signes d'homosexualité remontent souvent à la période de l'adolescence. C'est une période où on apprend à se connaître et où la vie se révèle à nous dans toutes ses facettes. On se découvre d'abord soi-même puis on entame notre vie sexuelle. On commence à explorer notre corps, on expérimente la masturbation, on ressent des désirs sexuels, des pulsions sexuelles. Il est donc normal, à l'adolescence, de se sentir attiré, à cause de la nouveauté des expériences sexuelles, à la fois par quelqu'un de notre sexe et par quelqu'un du sexe opposé. Je veux dire par là que tous les gars et les filles ont eu, un jour ou l'autre, plus ou moins l'occasion de fantasmer sur quelqu'un du même sexe qu'eux, sans peut-être entrer dans le détail, mais en entretenant parfois par la pensée des visions un peu floues de gestes ou de situations souhaités. Je pense que cela arrive à tout le monde, et c'est tout à fait normal car l'adolescence est une période de découvertes et d'expérimentations.

Avec le temps, l'attirance sexuelle de la plupart d'entre nous va se fixer sur le sexe opposé. Certains seront attirés par les êtres du même sexe qu'eux et au fil de leur adolescence, de leur évolution, ils vont prendre conscience de leur orientation sexuelle différente. À ce moment-là on se pose bien des questions. Rien de plus normal dans les circonstances. On a un peu peur de ce qui nous arrive. On se sent différents quand on voit les gars de notre groupe s'exciter quand ils parlent de filles. Il en va de même pour les filles qui se sentent attirées uniquement par des filles. Si tu te rends compte que tu es attiré davantage par les gens de ton sexe que par ceux du sexe opposé, et si en faisant l'amour avec quelqu'un de l'autre sexe tu penses à quelqu'un de ton sexe, ce sont là des indications très claires de tes tendances homosexuelles ou bisexuelles.

Si tu découvres dans ta propre vie sexuelle ces signes-là ou ce genre de comportement, eh bien, l'important c'est de te respecter, de ne pas te cacher à toi-même la vérité et, éventuellement, de ne pas la dissimuler à tes proches. Car à partir du moment où tu te mets à vivre dans la clandestinité et que tu fais croire à tout le monde que tu es aux femmes alors que dans le fond tu es aux hommes, tu seras très malheureux vis-à-vis toi-même. Je pense que l'épanouissement et le bonheur passent par l'acceptation de soi. Il faut s'accepter, et si tu y parviens tu te sentiras bien dans ta peau tout en étant capable d'assumer ton homosexualité. Ne laisse personne te juger à travers ce cheminement. À partir du moment où tu assumes ton orientation sexuelle et que tu la reconnais : « Je suis homosexuel, je suis lesbienne, je suis gai », bien des gens vont t'accepter tel que tu es car ils constateront que tu es bien dans ta peau. Voilà l'important.

D'autre part, si tu annonces à tes parents que tu es homosexuel, il y a de fortes chances que ce soit un choc pour eux. Dans certaines familles, c'est encore un sujet tabou et si tu abordes le sujet, il est possible que les esprits s'enflamment et tu auras droit à toute une gamme de sentiments : des cris, des larmes et parfois même de grands déchirements quand ce n'est pas des coups. Quand les parents apprennent que leur enfant est gai, c'est comme s'ils subissaient une épreuve, comme s'ils étaient des victimes. Si les parents de ton chum acceptent sans problème l'homosexualité de leur fils, ils pourraient peut-être rencontrer tes propres parents. Cela les aiderait certainement à mieux te comprendre et ils se sentiraient moins isolés par rapport à ton choix de vie amoureuse.

Témoignage

Richard, 18 ans :

Je suis homosexuel. En fait, j'en ai eu les **premières indications dès le début de mon adolescence**. J'ai eu à quelques reprises des relations sexuelles avec des filles, et quand je couchais avec elles **je pensais à des gars**. Je voyais bien que je n'étais pas attiré par les femmes. **Je m'acceptais difficilement**. Les premiers signes d'homosexualité chez moi m'ont vraiment fait peur car, en songeant à mon avenir, je me demandais **comment j'allais affronter ce problème**, comment les autres réagiraient, et s'ils allaient m'accepter ou non. Mon meilleur ami ne m'a jamais lâché. Je le remercie infiniment de sa compréhension et de ne pas m'avoir jugé. Il m'a suggéré de consulter le psychologue scolaire car il voyait bien que j'avais certaines interrogations et il ne se sentait pas apte à me soutenir efficacement dans ce domaine.

Cela m'a beaucoup aidé de rencontrer le psy de l'école pendant un certain temps. Plus tard, j'ai saisi l'occasion d'en parler à mes parents, et aujourd'hui je m'accepte mieux. Je n'ai plus peur comme avant **de révéler aux gens mon orientation sexuelle** quand cela s'y prête. Je n'ai pas de chum en ce moment mais j'ambitionne un jour de pouvoir m'afficher sans problème avec mon chum et de **vivre ouvertement mon homosexualité**. Je ne veux pas convertir les autres ni qu'ils cherchent à me convertir ou à me juger. **Je veux simplement vivre une vie heureuse** selon l'orientation sexuelle de mon choix.

Pour ceux et celles qui se croient homosexuels et qui ont de la difficulté à assumer leur orientation sexuelle, eh bien, les écoles et les **CLSC** offrent plusieurs services professionnels qu'il ne faut pas hésiter à consulter si tu en ressens le besoin : un psychologue, une travailleuse sociale, une infirmière, tes parents, un ami ou une amie intime sont toutes des personnes-ressources qui peuvent t'aider à accepter ton homosexualité. Il existe aussi des services d'écoute téléphonique et de renseignements comme *Projet 10,* *Jeunesse Lambda,* ***Action séro zéro***. Je suis convaincu que tu ne dois pas hésiter à aller chercher de l'aide dans ce sens.

Témoignage

Jean-François et Maude, parents de Joël :

Quand Joël nous a appris qu'il était gai, c'est **comme si nous avions reçu une gifle**. Ce qui nous a davantage frappés c'était tous les préjugés que nous nourrissions à l'égard de l'homosexualité. Nous nous doutions que Joël était attiré par les gars mais **nous souhaitions le contraire**. Nous ne voulions pas croire que c'était définitif. Depuis sa plus tendre enfance, il **voulait toujours porter les vêtements de sa soeur**. Ça nous faisait peur. Lors d'un défilé de mode, il est arrivé un jour avec des vêtements féminins. Il voulait être photographié. Nous étions **terriblement mal à l'aise**. Il n'avait que 9 ans. Nous avions hâte qu'il soit adolescent et qu'il se mette à regarder les filles ! Mais il a bien fallu se rendre à l'évidence que les filles ne l'intéressaient pas. Le plus difficile pour nous c'est ce que les autres en pensent, les voisins, quand nous nous retrouvons avec la parenté, ou que **Joël embrasse son chum devant tout le monde**. Notre fils est un être humain à part entière. Nous avons accepté son homosexualité mais ça n'a pas été simple. Au fond, **si des parents n'aiment pas leur enfant parce qu'il est gai, c'est qu'ils ne l'ont jamais aimé**. Pour nous, c'est une question d'amour, d'acceptation et de respect.

Témoignages
d'intervenants :

(Sylvain Turgeon, psychothérapeute et préventionniste)

Tu t'interroges sur ton orientation sexuelle ou sur celle d'un de tes proches ? Le fait d'affirmer que tel geste ou telle pensée est une tendance ou un comportement homosexuel serait d'entretenir des préjugés face à l'homosexualité. Tu sais, j'ai rencontré de nombreux hommes «féminisés» ou des femmes «masculinisées» et cela ne les empêchait pas d'être hétérosexuels. Donc, je pense qu'il est difficile de porter un jugement quand on croit reconnaître certaines tendances ou certaines pensées.

Si tu le permets, je te fais la suggestion suivante car lorsqu'on se pose ce genre de questions c'est que nous sommes curieux. Je te suggère donc d'aller rencontrer une sexologue ou encore un intervenant de ton école avec qui tu te sens bien, et lui poser clairement tes interrogations. Je suis certain qu'il saura t'éclairer sur la question.

Et si tu désires un peu plus d'information sur les tendances homosexuelles ou l'homosexualité, il existe une ligne d'écoute qui se nomme **GAI J'ÉCOUTE** au (514) 521-1508, et ces personnes pourront elles aussi répondre à tes questions.

(Chantal Asselin, infirmière)

Souvent, tu vas te sentir attiré par les personnes du même sexe que toi. Il te faudra reconnaître toi-même cette attirance-là et être capable de t'imaginer ayant des relations intimes avec une personne du même sexe. Quand tu ressens le goût de faire l'amour, des images défilent dans ta tête. Si celles-ci ont toujours pour objet une personne du même sexe que toi, tu peux alors mieux discerner ton orientation sexuelle. Et ce qui est particulièrement difficile finalement, quand on est très jeune, c'est de donner un nom à ce que l'on ressent, de reconnaître ces sentiments-là. Car ces images qui surgissent en toi peuvent te troubler au point où tu te sens incapable d'aller plus loin, d'approfondir, et de voir pourquoi ces images-là te bouleversent.

(Patricia Trudel, bachelière en travail social)

Tu te sens un peu à part, tu ne ressens pas vraiment d'attirance pour le sexe opposé ? Il se peut que tu sois homosexuel, homosexuelle ; ça arrive à une personne sur dix, dit-on. Il se peut aussi que, pour l'instant, tu n'aies pas envie d'avoir de relations sexuelles comme certaines autres personnes de ton âge. Quoi qu'il en soit, il existe une ligne *Info-gai*. N'hésite pas à appeler pour en parler. C'est confidentiel.

N'oublie pas que l'homosexualité n'est pas une maladie, et même si bien des gens font des farces plates, c'est l'ignorance et les préjugés qui en sont responsables.

12

Que faire si je suis victime d'abus sexuels ou de violence physique?

Conseils de Manuel :

Quand une personne est victime d'abus sexuels ou de violence physique, elle en ressent souvent de la culpabilité. Pourtant, elle est la victime, ce n'est pas de sa faute. Elle peut se sentir sale, coupable, et avoir l'impression d'avoir provoqué de tels gestes mais c'est inexact. Il faut essayer de garder la tête froide. La victime est une personne innocente dont on a abusé en la forçant à faire des choses contre sa volonté. L'abuseur n'a pas le droit de poser de telles actions, d'abuser sexuellement d'elle ou de la violenter. Cela constitue un crime passible d'un emprisonnement. C'est très grave. Vérifie-le auprès du *Centre de prévention des agressions de Montréal*, si tu es dans cette région, ou encore au *Centre pour victimes d'agression sexuelle de Montréal*.

Témoignage

Julie, 16 ans :

Depuis quelque temps mon chum se montrait violent verbalement avec moi, puis, tout récemment c'est devenu de la violence physique. Ce gars-là était super gentil au début, mais maintenant il me **traite de toutes sortes de noms, me frappe**, il me pousse dans les murs, il me serre les bras, me donne des claques, je suis terrifiée. Je me demande où tout ça va s'arrêter, je ne sais pas quoi faire. Dois-je le dire ou non? Je me sens **très seule et isolée dans cette situation**.

Quand on est victime de violence physique ou d'abus sexuels, il ne faut pas hésiter à dénoncer sans tarder la personne qui en est responsable. Cela peut sembler facile de faire une telle déclaration mais je suis parfaitement conscient que tu hésiteras pourtant longtemps avant de révéler de telles atrocités. Il te faudra le faire pour plusieurs raisons mais surtout pour ta propre sécurité et pour celle des autres victimes éventuelles de cet abuseur. L'être qui a commis de tels actes souffre d'un certain déséquilibre et il a besoin de se faire traiter. Il faut intervenir le plus rapidement possible pour ne pas que cet abuseur s'en prenne de nouveau à toi ou à d'autres, car bien souvent le violeur, l'abuseur ou l'être violent interprétera le silence de sa victime comme une acceptation, une approbation, et il se dira : «*Elle ne dit rien, je vais continuer.*»

Témoignage

Magalie, 16 ans :

Un soir, j'ai été **victime d'abus sexuels en rentrant de l'école**. Un gars que je ne connaissais pas m'a suivie et m'a forcée à lui faire des attouchements sexuels. **J'ai hésité à le dénoncer**, j'avais peur qu'il se fâche, je craignais aussi qu'il recommence, qu'il veuille se venger, et que personne ne soit là pour me protéger. Des amis et des adultes en qui j'avais confiance m'ont conseillée de dénoncer l'agresseur. C'est ce que j'ai fait en m'adressant au service de police-jeunesse de mon école après en avoir parlé au psychologue, à l'infirmière, et à mon directeur. Les policiers l'ont rencontré, **ils ont enquêté puis, ils l'ont mis en accusation** et l'affaire a suivi son cours. À présent, il n'a plus le droit de m'approcher à moins de 200 mètres. Je me sens bien maintenant même si j'ai trouvé cela très dur de le dénoncer, même si j'ai eu peur, **même si j'ai trouvé pénible tout le cheminement de cette agression.** Aujourd'hui, je sais que mon agresseur ne touchera pas à d'autres filles et ne m'abusera plus. **Il suit une thérapie** et j'espère qu'il ne recommencera plus jamais.

Ce n'est pas en te taisant que les abus vont cesser, au contraire, ce cercle infernal dans lequel tu es enfermé va s'envenimer si tu ne fais rien, si tu ne réagis pas. Quoi faire alors ? Il te faut, bien entendu, faire appel à un adulte en qui tu as confiance. Cherche dans ton entourage immédiat parmi tes parents, tes oncles ou tes tantes. Si tu ne trouves pas à te confier dans ton cercle familial, adresse-toi à l'école et aie recours à un professeur, un psychologue, un travailleur social, une infirmière, un policier-éducateur, ou à un organisme-ressource comme le **Centre pour les victimes d'agression sexuelle, Jeunesse, J'écoute, SOS Violence conjugale, Après-Coup** ou **Vi-Sa-Vi** *(Vivre sans violence)*. Une personne abusée sexuellement est souvent totalement désemparée, elle a vécu une trahison et cela a déclenché une crise de premier plan dans sa famille. Elle a perdu certains repères fondamentaux. Confie-toi à la personne que tu auras choisie et raconte-lui tout afin qu'elle puisse te protéger de l'individu qui t'a violentée ou qui a abusé de toi. Il est important qu'on écoute ce que tu as à dire car c'est grâce à cette prévenance que tu pourras recommencer à avoir confiance en toi-même et aux autres.

Témoignages
d'intervenants :

(Sylvain Turgeon, psychothérapeute et préventionniste)

La première chose que tu dois faire est d'en discuter avec un de tes amis ou une de tes pairs, et de lui confier le malaise que tu vis par rapport à cet abus sexuel ou cette violence physique. Souviens-toi que ton corps t'appartient et que personne ne doit toucher à cette intimité. De toute façon, lorsque tu en parleras à tes amies, elles seront probablement les premières à te suggérer de rencontrer un intervenant de l'école, ou un policier pour que cette personne cesse d'abuser de toi ou d'autres de tes amies.

Je sais que tu peux être effrayée à l'idée de confier ce qui t'est arrivée, mais dis-toi bien que lorsque cet individu sera arrêté, les abus sexuels cesseront, ainsi que toutes les menaces que ton abuseur aura proférées à ton égard et tu recommenceras à vivre sans la crainte de l'affronter à nouveau.

(Patricia Trudel, bachelière en travail social)

Peu importe qui te violente, son geste est tout à fait inacceptable. Des services d'aide existent pour toi à l'école, au **CLSC**, auprès de tes proches, etc. Réalise que tu n'es pas responsable du geste posé, tu n'as donc pas à te cacher. Aucune excuse ne justifie la violence.

Va en parler et discute de tes recours pour porter plainte. Être une simple victime qui ne proteste pas, c'est permettre à ton agresseur de recommencer. Les menaces de sa part font partie des moyens qu'il ou qu'elle utilisera pour t'empêcher d'en parler et te garder dans la peur. Ta peur s'intensifiera davantage si tu choisis de te taire. Ne t'isole pas, va consulter une personne qui t'aidera à voir plus clair.

(Chantal Asselin, infirmière)

Tu dois immédiatement entrer en contact avec ton **CLSC**, l'infirmière de ton école, un professeur, un parent, une personne de confiance. Tu dois verbaliser ton agression, tes craintes présentes et futures. Accepte de l'aide professionnelle. Il est vraiment important que tu ne gardes pas le secret même si tu ne veux pas engager de poursuites à la suite de cette agression, il est essentiel que tu t'exprimes en gardant toujours à l'esprit les conséquences futures à long terme.

(Jeunesse, J'écoute)

Jeunesse, J'écoute est un service d'écoute téléphonique profession-nel, bilingue, confidentiel et gratuit, un service d'intervention pour les jeunes de 4 à 20 ans. *Jeunesse, J'écoute* a pour mission de protéger et de promouvoir le bien-être des jeunes en défendant leurs droits, en les soutenant dans les moments difficiles, en les dirigeant vers les ressources appropriées et en les aidant à trouver des solutions. Cet organisme supporte des objectifs concrets : assurer un service im-médiat aux enfants en détresse, aider les jeunes à trouver un moyen de se protéger eux-mêmes, rejoindre les jeunes qui ne peuvent béné-ficier d'aucune autre ressource, porter une attention spéciale aux jeunes victimes d'abus et de violence. Les motifs pour lesquels les jeunes appellent *Jeunesse, J'écoute* sont principalement reliés à des problèmes de relations (36 %), de violence et de comportements abusifs (15 %), de sexualité (11 %), de santé (10 %), et (4 %) d'entre eux éprouvent même le besoin de révéler leurs idées suicidaires.

(Johanne McKay, comédienne et porte-parole de Jeunesse, J'écoute)

Jeunesse, J'écoute est un organisme visant à la protection et à la promotion du bien-être des jeunes. Je crois qu'il est essentiel qu'un service d'écoute téléphonique, professionnel, anonyme et gratuit, soit mis à la disposition des jeunes. Un service qui répond à leurs questions et les soutient dans les moments difficiles.

Quand une artiste ou un artiste devient porte-parole d'un organisme comme *Jeunesse, J'écoute*, cela permet à cet organisme d'avoir une meilleure couverture publicitaire, donc de faire découvrir ce service-là à plus de jeunes. Ceci, par contre, entraîne un autre problème : plusieurs jeunes se heurtent à une ligne téléphonique occupée en raison du manque d'argent. Je pense qu'en faisant connaître davantage l'organisme, cela amènera peut-être certaines entreprises ou certaines personnes à l'aider financièrement. Ainsi, *Jeunesse, J'écoute* pourra répondre à beaucoup plus de jeunes et les aider à résoudre leurs problèmes grâce à suffisamment de lignes d'écoute.

13

Que dois-je faire si je tombe enceinte?

Témoignage

Nathalie, 16 ans :

Je fréquente un gars depuis quelque temps. Je n'étais pas vraiment prête à faire l'amour avec lui mais c'est arrivé. Quelques semaines plus tard, j'ai passé **un test de grossesse**. J'ai appris que j'étais enceinte et j'ai tout de suite paniqué. Je suis complètement désemparée. Je ne l'ai pas dit à mon petit ami, ni à mes parents, pas même à mes amies, personne ne le sait. Mais moi dans tout ça **je ne sais pas du tout quoi faire**. Est-ce que je le garde ou non? À qui dois-je m'adresser? Si je le garde, que va-t-il m'arriver? **Si je ne le garde pas, par où commencer?** Quelles démarches dois-je effectuer?

Conseils

de Manuel :

Il aurait mieux valu prévoir un moyen de contraception avant, car mettre un enfant au monde est une responsabilité à plein temps et cela change toute une vie. Mais voilà, même si elle est enceinte, elle ne doit pas s'en vouloir et s'isoler, et il ne faut surtout pas qu'elle ait peur d'en parler car on peut toujours trouver une solution. Un enfant grandit dans son ventre et, tôt ou tard, elle devra prendre une décision. Car si elle décide de ne pas le garder, elle devra se faire avorter sans trop attendre. Par contre, si elle décide d'accoucher, elle doit être convaincue de sa décision. Un enfant, ça se fait à deux. Il faut qu'elle en informe son petit ami de même que ses parents. Elle pourra consulter les professionnels de la santé à sa disposition pour répondre à ses questions. Le **CLSC** est souvent la première ressource à laquelle on pense. Comme je l'ai dit plus haut, il ne faut pas qu'elle s'isole car c'est à ce moment-là que le désarroi s'installe, que notre problème nous apparaît beaucoup plus gros, et qu'on se dit : «*Qu'est-ce que je vais faire pour m'en sortir?*» N'hésite pas dans de telles circonstances à chercher de l'assistance. Appelle *Grossesse secours, Centre conseil grossesse, Clinique médicale Fémina* ou la *Fédération du Québec pour le planning des naissances,* par exemple.

Ne t'apitoie pas sur ton sort, être enceinte, ça peut être quelque chose de très beau. Évidemment, dans ton cas c'est toute une surprise car ta grossesse n'était pas du tout planifiée, ni désirée mais ce n'est pas la fin du monde. Quelle que soit ta décision, tu trouveras des gens pour t'aider. Et dans le but de prendre une décision éclairée, adresse-toi aux bonnes personnes et utilise les ressources disponibles. Si tu vis dans la région de Montréal, la *Clinique des jeunes Saint-Denis*, ou le *Centre de santé des femmes de Montréal* pourront certainement te suggérer des solutions. Toutefois, il faut que tu prennes cette décision le plus rapidement possible.

Si tu es enceinte et que tu ne peux pas en parler avec tes parents, je te conseille d'en parler à un adulte en qui tu as confiance. Ce peut être un membre de ta famille, l'infirmière de l'école, un psychologue, un travailleur social, un professeur, quelqu'un qui peut te conseiller, parler de ta condition et te soutenir moralement.

Témoignage
Marc, 15 ans :

Je sors avec Sophie depuis un an. Au tout début de notre relation, nous avons eu envie de faire l'amour ensemble. Sophie se sentait prête à vivre cette expérience. Même si on savait qu'il fallait se protéger pour **se préserver des MTS et du sida**, on ne savait pas vraiment, à part le condom et la pilule, quelles étaient les autres **façons de se protéger pour éviter une grossesse**. Sophie et moi avons décidé d'aller rencontrer l'infirmière de l'école et elle nous a donné certains **conseils éclairés sur les divers moyens de protection et de contraception**, et de la documentation sur la sexualité.

69

Témoignages
d'intervenantes :

(Chantal Asselin, infirmière)

Si tu tombes enceinte, tu ne dois absolument pas taire ta condition. Comme première étape, si tu décides de le garder, ou de le donner en adoption, ou encore si tu choisis l'avortement, il te faudra vraiment rencontrer un professionnel de la santé pour établir dans un premier temps le nombre de semaines cumulées de ta grossesse. Tu pourras ensuite envisager les possibilités qui s'offrent à toi.

Des personnes-ressources seront là pour te seconder et t'aider à prendre une décision éclairée. Il est souvent très difficile de prendre cette décision-là toute seule. Au cours de ces instants décisifs, tu auras peut-être besoin de petits trucs pour gérer ton stress, mais tu peux être certaine d'une chose : le médecin que tu rencontreras t'aidera à soupeser le pour et le contre de ta décision à prendre. Il respectera ton choix sans toutefois chercher à décider à ta place.

(Patricia Trudel, bachelière en travail social)

Avoir un enfant, quel que soit ton âge, implique que tu t'engages à être son parent pour le reste de ta vie. Ça veut dire que tu feras des sacrifices constamment. Te sens-tu prête ? De plus, il se peut même que tu doives l'élever seule. Si tu es peu équipée pour lui apporter des soins, tu auras davantage de problèmes.

Rappelle-toi que diverses options s'offrent à toi :

- Placer ton bébé en adoption, ça suppose que tu en seras séparée à sa naissance ;

- Devenir mère avec tout ce que ça comporte ;

- Te faire avorter, pour toutes sortes de raisons, comme le fait de ne pas te sentir prête à avoir un enfant à ton âge.

Il est donc nécessaire pour toi d'en discuter. On appelle ça souvent de la planification ou de l'assistance sociopsychologique à ton **CLSC**. Ça peut se faire en toute confidentialité dès que tu as 14 ans, et ce service est essentiel afin que tu puisses bien fixer ton choix. Tu peux te faire avorter sans grandes complications jusqu'à trois mois de grossesse à la plupart des **CLSC**. Par la suite, ça peut se faire à l'hôpital. De plus, il existe un organisme appelé **Grossesse-Secours** où tu peux téléphoner en toute confidentialité. Des intervenants peuvent t'éclairer dans tes choix et surtout t'apporter cette écoute dont tu as besoin.

Il est bien évident que quand ça nous arrive, ce n'est pas du tout comme si on donnait simplement notre opinion sur la question : «Je suis "pour" ou "contre" l'avortement»… C'est un énorme choix à faire dans la vie. Mais il reste cependant qu'une méthode contraceptive préviendra toute autre grossesse non désirée. Protège-toi.

(Marielle Pelletier, infirmière pour le programme OLO)

Lors de l'annonce d'une grossesse, il faut avant tout réfléchir à l'issue d'une grossesse à l'adolescence. Selon la situation et les conditions dans lesquelles je suis, devrais-je : poursuivre ma grossesse et garder le bébé ? poursuivre ma grossesse et confier le bébé à l'adoption ? opter pour l'avortement ? Après avoir considéré les aspects positifs et négatifs de chacune de ces options, tu seras plus en mesure de préciser ton choix. Pour chacun de ces choix, il existe des ressources pour t'accompagner dans ta démarche.

Si tu désires poursuivre ta grossesse et que les risques d'avortement spontané sont diminués (après 16 semaines de grossesse), il existe à ton **CLSC** un programme **OLO** qui a pour but de diminuer l'incidence des bébés prématurés et de petits poids, de même que de te préparer à l'accouchement et à ton rôle de parent. On te remet des suppléments alimentaires (oeufs, lait, jus d'orange, vitamines) tout au long de ta grossesse, et après l'accouchement lorsque tu allaites. Tu participeras à des rencontres prénatales et à des cliniques **OLO**, tu auras du support d'une infirmière et d'une nutritionniste.

N'oublie pas, si tu désires poursuivre ta grossesse et confier le bébé à l'adoption ou si tu optes pour l'avortement, des services et du soutien sont également offerts pour ces autres choix.

♪ (La Fondation OLO par Julie Lapointe)

Chaque année, au Québec, une femme enceinte sur cinq vit avec un revenu inférieur à celui du seuil de la pauvreté. Près de 17 000 femmes sont sujettes à accoucher dans un contexte de pauvreté et à mettre au monde un bébé de petit poids (moins de 2,5 kg) ou un bébé prématuré en raison de malnutrition avant et pendant la grossesse.

Créée en 1991, la **Fondation OLO** contribue à la naissance de bébés en santé en assurant une disponibilité de suppléments alimentaires (**O**euf-**L**ait-**O**range ou supplément vitaminique) dans le cadre de programmes d'intervention mis en place par les **CLSC** et qui s'adressent plus particulièrement aux femmes enceintes défavorisées sur le plan socioéconomique.

♪ La Fondation OLO, pour naître en santé!

Actuellement au Québec près de l'ensemble des **CLSC** ont un programme **OLO**. Le programme **OLO** est un programme de services intégrés en périnatalité, offert aux femmes enceintes et aux familles qui présentent plusieurs facteurs de risque. En **CLSC**, ce programme porte différents noms tels : programme intégré en périnatalité, programme **OLO**, **Naître égaux**, la **Cigogne**, etc. Ce programme vise les objectifs suivants :

1. favoriser la croissance et le développement du foetus afin de diminuer le taux de bébés de faible poids à la naissance et le taux de prématurité en milieu socioéconomiquement défavorisé ;

2. développer le lien d'attachement parents-enfants afin de diminuer les taux d'abus et de négligence envers les enfants ;

3. développer les habiletés parentales afin de diminuer les retards de développement ;

4. favoriser la croissance et le développement optimal du nouveau-né afin d'éviter tout retard lié à un environnement inadéquat.

Pour obtenir de l'information sur ce programme, communique avec ton **CLSC**.

♪ (Anne Dorval et Marc-André Coallier sont les porte-parole de la fondation OLO)

Les parents
et
la famille

Mes parents sont trop sévères! Que dois-je faire?

Témoignage

Mélanie, 15 ans :

Mes parents sont vraiment trop sévères, **ils sont intraitables**! Mes amies ont des permissions, elles peuvent sortir le soir, elles ont le droit d'aller au restaurant, aux différentes fêtes, aux danses de l'école, mais moi, depuis le début de l'année, **je n'ai eu droit qu'à une seule sortie**. Ils ont de ces arguments : « La fête se terminera trop tard »; « nous ne connaissons pas les gens qui y seront », « des gars pourraient **abuser de toi** ou d'autres pourraient mettre de la **drogue dans ton verre**. »

Ils me présentent toujours la vie comme un risque perpétuel, **comme si une épée de Damoclès était suspendue au-dessus de ma tête**, et qu'un danger me guettait constamment. Mes amies ne comprennent pas pourquoi je ne peux jamais aller avec elles. Je dois inventer des raisons, des excuses **pour ne pas que mes amies me jugent** et me laissent tomber. Je tiens tellement à conserver leur amitié. Je trouve cette situation très difficile à vivre. et je dois régler cela avec mes parents le plus vite possible. **Je ne veux pas attendre mes 18 ans pour pouvoir faire ce que je veux,** je dois régler cela maintenant.

Conseils de Manuel :

Nous avons tous trouvé nos parents trop sévères à un moment ou l'autre de notre vie. C'est sûr. On ne comprend pas toujours pourquoi ils le sont mais si nos parents sont trop sévères c'est souvent par «excès» d'amour et par insécurité. Par exemple, ils aiment mieux te refuser une permission plutôt que de s'inquiéter jusqu'à ton retour, sans savoir vraiment où tu es et ce que tu fais.

Apprends à gagner la confiance de tes parents et, petit à petit, ils deviendront moins sévères. Établir une relation de confiance avec tes parents, ça prend du temps, bien des discussions, et ça ne se fait pas du jour au lendemain. Tu ne peux pas changer les attitudes de tes parents à ta guise. Sois conscient que c'est un travail de longue haleine mais qui portera fruit un jour. Pour y parvenir, discute avec eux, montre-leur que tu es responsable. Ils te considéreront comme tel à la longue. Tes parents estimeront que tu fais preuve de jugement, que tu es prudent ou prudente, que tu arrives à l'heure après une sortie, et que tu ne t'engages pas sur des sentiers périlleux.

75

Veille aussi à présenter tes amis à tes parents pour qu'ils sachent qui tu fréquentes. Invite tes amis à la maison pour bavarder avec tes parents, ils les connaîtront mieux. Quand tes parents ont l'impression que tout se fait dans leur dos, que tes amis descendent furtivement au sous-sol sans vraiment les saluer, cela les insécurise et les frustre, et ils se disent : «*On dirait qu'il cherche à nous cacher quelque chose.*» Fais-leur comprendre que ce n'est pas le cas.

Peu à peu, quand ils se seront familiarisés avec ton cercle d'amis, ils seront moins soupçonneux, ils seront moins sévères, un peu plus permissifs, à condition que tu n'abuses pas de leur confiance. Mais dis-toi que s'ils ne changent pas, s'ils demeurent inflexibles, il faut que tu persistes à communiquer, ne te révolte surtout pas, cela fera tout basculer. Explique-leur le bon sens. Si tu déçois la confiance de tes parents, ils adopteront de nouveau à ton égard une sévérité excessive du jour au lendemain.

Maxime, 16 ans :

À une certaine époque, mes parents ne m'accordaient pas toutes les permissions que j'aurais souhaitées et je ne comprenais pas pourquoi. Ma mère disait : « On ne les connaît pas tes amis, comment veux-tu qu'on te fasse confiance tout le temps, tu ne nous les présentes pas. Quel est donc le prénom de ta petite amie ? » J'avais l'impression que mes parents voulaient être les amis de mes amis puis, à un moment donné, je me suis dit qu'il serait bon de leur présenter mes amis pour gagner leur confiance. Quand mes amis venaient, je les présentais et ils parlaient un peu à mes parents. Il est même arrivé qu'on s'assoit tous ensemble dans le salon ou la cuisine et que l'on blague avec mes parents. Je leur ai aussi présenté ma nouvelle petite amie. Un jour, ils sont venus me conduire chez elle et ils ont rencontré ses parents par la même occasion.

Peu à peu j'ai compris qu'ils se sentaient plus à l'aise. Ils ne voulaient pas nécessairement connaître tous mes secrets ou faire une incursion dans ma vie privée, mais ils savaient dorénavant qui était Robert quand je leur parlais de lui : « Ah oui, le garçon avec qui tu fais de la musique, n'est-ce pas ? » Ils connaissaient mes allées et venues, les endroits où je me tenais, tout cela n'était plus de l'inconnu pour eux. C'est alors qu'ils ont commencé à me faire davantage confiance. Si j'avais su, je leur aurais présenté mes amis bien avant : cela aurait évité bien des disputes et des mésententes.

Témoignages
d'intervenants :

(Sylvain Turgeon, psychothérapeute et préventionniste)

Sur quoi te bases-tu pour dire qu'ils sont trop sévères ? Il arrive régulièrement que certains parents soient sévères mais ils invoquent toujours des raisons de l'être, des raisons fondées sur leurs valeurs et leurs expériences. Tu dois prendre le temps de leur expliquer ce que tu attends d'eux exactement, et chercher à comprendre leur perception des choses.

Je sais que ce que je viens de te dire peut te sembler difficile à faire. Tu dois penser qu'ils n'accepteront pas de t'écouter ou qu'ils n'en feront qu'à leur tête. «J'ai peur pour ta santé, j'ai peur pour tes sorties, j'ai peur qu'il t'arrive quelque chose.» Mais si tu n'essaies pas, ils continueront d'être aussi sévères. Les gens sévères ont souvent besoin d'être rassurés.

(Chantal Asselin, infirmière)

Tu dois discuter avec eux et adopter des règles de conduite vraiment acceptables pour les deux parties. Et ici, je m'adresse à la fois autant aux parents qu'aux adolescents. À l'adolescence, les parents ont souvent peur de ne pas bien jouer leur rôle auprès de leurs adolescents car l'adolescence est une période tout aussi difficile pour les jeunes que pour les parents. À cette étape de la vie de leurs jeunes, les parents sont déboussolés et ne savent plus très bien quelles limites imposer pour ne pas perdre tout contrôle sur leurs adolescents.

77

Ainsi, autant les adolescents cherchent où sont les limites, les nouvelles barrières, autant les parents sont souvent obscurs et imprécis par rapport à ces barrières, ou encore ils sont trop précis. Si tu trouves que les limites qu'on t'impose sont difficiles à accepter, exprime-le à tes parents. L'adolescent dit souvent à ses parents : «Les parents de mon ami le laissent sortir jusqu'à telle heure.» Ce n'est peut-être pas toujours la bonne façon de faire, car les parents peuvent alors sentir une certaine confrontation de la part de leur adolescent. Il serait préférable que tu dises à tes parents que tu comprends leur point de vue, mais qu'il est peut-être nécessaire de réajuster votre tir de part et d'autre.

Il est important pour toi de conclure une entente avec tes parents : pendant une période de six mois ou un an, vous pourriez vous mettre d'accord sur telle règle de conduite à adopter, et en rediscuter s'il y a lieu par la suite. Mais ce n'est malheureusement pas de cette façon que ça se passe la plupart du temps. Bien souvent les parents laissent aller les choses et réagissent un peu trop fort quand les limites sont dépassées, et cela ne fait qu'empirer la situation.

(Claude Meunier, auteur et comédien, porte-parole pour Parents Anonymes)

Cher moi,

– Qu'est-ce qui t'a amené à être porte-parole pour Parents Anonymes?

*– Excellente question mon cher toi... Ce qui t'a décidé en fait c'est qu'au moment où **Parents Anonymes** t'a approché, ta fille Juliette venait de naître. Tu étais donc fort sensible à tout ce qui touchait la «protection» des enfants. Est apparue aussi dans les journaux de l'époque une histoire fort triste de violence parentale qui t'a sensibilisé encore davantage à ce problème. Ces deux facteurs mis ensemble plus ton désir de t'impliquer pour une cause ont fait que tu «t'es embarqué» pour Parents Anonymes avec un enthousiasme délirant...*

– Merci mon cher toi et moi.

– C'est nous qui nous nous remercions.

(Parents Anonymes est un organisme qui s'occupe de la prévention de la violence faite aux enfants)

15

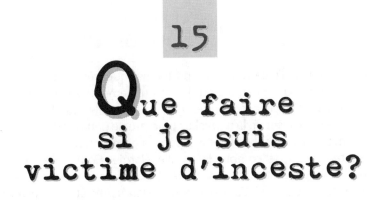

Que faire si je suis victime d'inceste?

Témoignage

Roxanne, 14 ans :

L'été dernier, un de mes oncles nous a invités à son chalet. Toute ma parenté était là, mes cousins et mes cousines aussi. À un moment donné, je suis allée enfiler mon maillot de bain. Quand je suis sortie de la salle de bains, **mon oncle m'attendait dans le salon. Il avait un drôle de regard** et disait que j'avais beaucoup grandi, que j'étais bien faite et que j'avais de beaux seins. Puis il **s'est approché de moi vivement**, il était fou de désir et ses mains cherchaient à me caresser avec frénésie. Son souffle court, son pénis en érection témoignaient de ses intentions. **J'étais terrifiée**; j'ai réussi tant bien que mal à me dégager et je me suis sauvée en courant. J'étais tout à fait mal à l'aise et complètement secouée. Je ne pouvais pas croire ce qui était arrivé. Avec le temps, je me suis fait une raison : **mon oncle avait eu un moment de folie**, un égarement soudain, et il ne le referait plus. **Il ne m'a jamais touchée depuis**. Mais maintenant, lors des rencontres familiales, quand je sais que mon oncle sera présent, je **trouve toujours une excuse pour ne pas y aller** ou bien je me tiens loin de lui. J'hésite beaucoup à le dénoncer car **c'est quand même mon oncle**.

Conseils de Manuel :

Comme on le voit, l'inceste est une problématique très difficile à vivre car elle implique des relations ou des attouchements sexuels forcés, avec ou sans violence, avec un membre de la famille : soit le père, la mère, un frère, une soeur, la nouvelle conjointe de papa ou le nouveau mari de maman, ou encore, le grand-père, la grand-mère, un oncle ou une tante, en fin de compte la famille élargie. Comme je l'ai dit précédemment quand nous avons parlé des abus sexuels ou de la violence physique, la victime pense peut-être avoir été provocante puisqu'elle a allumé le feu du désir, mais elle n'a rien à se reprocher. Quand tu es l'oncle d'une jeune fille de 14 ans, que tu éprouves du désir sexuel pour elle, et que tu passes à l'acte en lui faisant des attouchements ou en la forçant à avoir des rapports sexuels, c'est très grave, c'est même un délit criminel. Si tu fais une telle chose, cela dénote un sérieux problème d'équilibre.

Il est très difficile de dénoncer quelqu'un de ta propre famille car cela te touche de près. C'est encore plus compliqué quand c'est la famille immédiate. Ce sont des gens que tu connais, que tu côtoies. Ces liens du sang font brandir le spectre de la honte : que vont dire les autres dans la famille ? Mes parents vont-ils me croire ? Ils vont penser que j'exagère. Tu dois révéler ce qu'il t'a fait car si tu ne le dénonces pas, l'individu qui t'a agressée va croire que tout est correct, et qu'il peut recommencer sans problème. Il faut que tu le dénonces pour ta propre sécurité et celle des autres. N'oublie pas que si un oncle t'agresse, qui peut dire qu'il n'agressera pas d'autres membres de ta famille ou d'autres jeunes filles ? Il faut l'arrêter au plus vite.

Même si ta confiance est durement secouée, essaie de faire confiance à un autre adulte ou à un ami, et raconte-lui ce qui s'est passé, sans en exagérer les détails. Tu ne dois surtout pas attendre pour les raisons que j'ai évoquées tout à l'heure. Bien entendu, cet adulte en qui tu as confiance peut être quelqu'un de la famille, mais si tu préfères une personne de l'extérieur, il est souhaitable que ce soit un professeur de ton école, ou bien la psychologue, le travailleur social, le policier-éducateur, l'infirmière, ou un intervenant qui n'agira pas seul, qui procédera de concert avec d'autres professionnels pour intervenir en ta faveur. Les mesures nécessaires seront prises pour assurer ta sécurité et faire soigner l'adulte en question.

André, père de Catherine :

Je suis très fier de ma fille de 13 ans. On se raconte presque tout et elle n'hésite pas à me parler quand elle a des problèmes. Il y a un an, lors d'une réception de Noël, deux de ses jeunes cousins ont abusé d'elle sexuellement. C'est **une histoire d'horreur dont je vous épargne les détails** ; ces deux salauds l'ont forcée à avoir des relations sexuelles mais, heureusement, elle n'a pas contracté de maladie et n'est pas tombée enceinte. **Elle en a toutefois vraiment été terrorisée et traumatisée.** Je me suis rendu compte au cours des jours qui ont suivi cette réception que Catherine n'allait pas bien et, à force de la questionner, j'ai enfin su ce qui s'était passé. **Elle nous a tout raconté**. On a immédiatement eu une rencontre avec leurs parents et on leur a décrit ce qui s'était passé. Les parents ont confronté leurs deux fils jusqu'à ce qu'ils avouent leurs gestes. Par la suite, ils ont entrepris une thérapie qu'ils suivent encore aujourd'hui **pour ne jamais plus abuser de quelqu'un d'autre sexuellement**. Ils n'ont plus le droit d'être en contact avec Catherine. Cette dernière nous est reconnaissante. On lui a donné toute l'attention et les égards dont elle avait besoin dans de telles circonstances. Pour se libérer de cette expérience traumatisante, notre fille a eu recours à des professionnels de la santé et, aujourd'hui, elle va mieux. Mais quand on aborde les questions sexuelles, **elle demeure toujours un peu plus fragile**. Pourvu qu'elle n'en garde pas trop de séquelles et trouve un amoureux qui lui convienne. Le plus important dans tout ça, et je tiens à le dire à tous les parents, c'est que si jamais une chose semblable arrive à l'un de vos enfants, il ne faut vraiment pas hésiter à intervenir le plus rapidement possible afin de prendre les mesures qui s'imposent **pour qu'une telle chose ne se reproduise plus jamais**.

81

Témoignages

Témoignages
d'intervenants :

(Hélène Manseau, professeure de sexologie)

L'inceste, c'est d'avoir des rapports sexuels non consentis avec une personne de sa famille. Si cela se produit, c'est une situation très difficile à affronter, car la victime expérimente une trahison. Il faut en parler à quelqu'un en qui on a confiance. Idéalement, il faut l'avouer à l'intérieur de la famille et la convaincre que cette situation doit cesser coûte que coûte, sinon la société devra trancher, et c'est la moins bonne des solutions. Car l'intrusion de l'État ou de la société dans la vie privée d'une famille est catastrophique et empêche son mieux-être quand la situation ou la problématique n'a pu être résolue à l'intérieur de la famille. Si cela s'avère impossible, l'État devra intervenir.

Il faut dévoiler immédiatement toute situation d'inceste à quelqu'un de confiance et consulter un spécialiste pour aider à extérioriser ce traumatisme. C'est très important. À long terme, c'est le développement sensuel, l'épanouissement de l'équilibre psychologique qui risquent fortement d'être entravés et perturbés par une relation incestueuse.

82

(Sylvain Turgeon, psychothérapeute et préventionniste)

De nos jours, il est de plus en plus fréquent de lire dans les journaux des témoignages de femmes de 19, 25 ou 30 ans déclarant avoir été victimes d'inceste quand elles étaient jeunes. Bien souvent, elles ont douloureusement gardé ce secret insoutenable pendant des années et leur vie en a été des plus pénibles. Il est extrêmement malheureux qu'elles n'aient pas réussi à se confier avant. Si tu es victime d'inceste, la meilleure suggestion que je puisse te faire c'est d'en discuter avec un intervenant en qui tu as confiance, avec qui tu pourras en parler librement et à ton propre rythme. Prends le temps de lui expliquer ce que tu vis et confie-toi à lui en toute sécurité.

N'oublie pas une chose : si tu as été abusée sexuellement ou violentée physiquement, ce n'est pas de ta faute, tu n'es pas responsable de cette situation-là mais tu te dois de l'affronter même si tu n'es aucunement coupable. Quoi que tu en penses, tu ne mérites jamais d'être battue ou abusée sexuellement, sous aucune considération. L'abuseur est le coupable.

16

Comment réagir face à la séparation de mes parents?

Témoignage

Conseils
de Manuel :

On ne peut jamais décider de l'avenir des autres ; on ne peut pas non plus forcer deux personnes à rester ensemble. La séparation de tes parents te cause indéniablement un véritable choc. Ça te déplaît, tu ne l'acceptes pas, tu as peur de ce qui va arriver après. Tu aimerais mieux qu'ils restent ensemble comme avant, ce serait plus simple, ta vie n'aurait pas à subir de changements, ce serait la même cellule familiale. La séparation de tes parents représente tout un chambardement, c'est quelque chose de difficile à vivre car tu crains pour ton avenir immédiat et tu ne sais pas où va te mener tout ça.

Michaël, 15 ans :

Mes parents **se disputent continuellement** depuis fort longtemps. Récemment, je les ai entendus dire qu'ils projetaient de se séparer ; ils en ont longuement discuté. Moi, ça me fait peur, **je ne sais pas ce qui va m'arriver,** je ne sais pas non plus où je vais aller, ni ce qui va se passer au cours des semaines à venir. J'aime mes deux parents, je ne veux pas **être obligé de choisir avec qui vivre**. Je ne sais pas quoi faire. À bien y penser, je préfère qu'ils se disputent **mais qu'on demeure tous ensemble à la maison,** c'est fou, hein ?

On a l'impression que tout se brise dans la famille et que plus rien ne sera comme avant. Reste calme dans l'épreuve et discutes-en avec tes parents. Il ne faut pas que les membres de la famille vivent la séparation chacun de son côté. Quand on a plein de questions en tête et qu'on n'a pas de réponses, l'avenir nous apparaît dix fois plus sombre. Tu dois partager à tes parents tes sentiments, communiquer tes émotions, leur exprimer tes craintes.

Témoignage
Rachelle, 14 ans :

Au début, quand mes parents m'ont appris qu'ils se séparaient, ça m'a fait peur, **je me suis repliée sur moi-même.** J'ai pleuré souvent toute seule dans ma chambre, j'étais très inquiète. Je ne voulais pas que mes parents le sachent, mais ma mère l'a deviné. Même s'ils vivaient des choses difficiles, mon père et ma mère se sont assis avec moi et ont pris le temps de me parler, **de m'expliquer ce qui se passait et ce qui allait advenir de moi après la séparation**. Ils m'ont demandé mon avis et **on a trouvé ensemble certaines solutions**. Mes parents ne m'ont pas écartée de ces instants pénibles qu'ils vivaient entre eux et je leur en suis reconnaissante. Étant enfant unique, il était très important pour moi qu'ils m'en parlent, **qu'ils ne m'excluent pas de tout ça**. Aujourd'hui je fais l'expérience de la garde partagée. Ils ne sont plus ensemble **mais moi je suis encore avec eux, chacun son tour**.

De leur côté, tes parents ne doivent pas te cacher la vérité ni à tes frères et soeurs si tu en as. Demande-leur comment va se dérouler la séparation et ce qui va se produire après celle-ci. Qui ira vivre avec l'un ou l'autre parent ? Quelles seront les différentes étapes de cette transition ? Vais-je devoir changer d'école ? Quand tu auras obtenu des réponses à tes questions, tu connaîtras mieux ton avenir immédiat.

Tes parents se séparent pour différentes raisons. Ils ne peuvent plus vivre ensemble, ils sont perturbés. Ils vont répondre à tes questions mais ils n'entreront pas dans tous les détails de la séparation. Tu devras mettre de l'eau dans ton vin afin de ne pas envenimer davantage la situation : essaie d'éviter les crises inutiles, montre-toi fort, montre-toi forte, et je crois que tu passeras, sans trop de séquelles, au travers de cette épreuve vécue malheureusement par de plus en plus de familles.

Témoignages
d'intervenants :

(Sylvain Turgeon, psychothérapeute et préventionniste)

Je te suggère d'exprimer à chacun de tes parents ce que tu vis face à leur séparation. Il est important que tu prennes le temps de leur parler à tour de rôle. N'engage pas la conversation avec eux en compagnie de tes frères et soeurs car ces derniers sont différents de toi même si vous êtes tous de la même famille. Il est important que tu puisses regarder ton parent dans les yeux et lui expliquer comment tu te sens : les conséquences que tu envisages pour toi, les insécurités que tu vis, tu dois tout leur dire.

Prends le temps de discuter de ce que ta vie est devenue, comment tu entrevois l'avenir avec tes frères et soeurs car vous êtes toujours une famille. Tu sais, il est normal d'accorder beaucoup d'importance à cette désunion car, quand cela nous arrive à nous, on a l'impression d'être la personne la plus lésée au monde et la plus malheureuse. Bien entendu, si tes parents semblent fermés, tu peux toujours aller voir un intervenant mais, chose certaine, tu ressentiras un grand bien-être de pouvoir en parler directement aux personnes concernées. Lors d'une séparation ou d'un divorce, tu dois absolument comprendre que tu n'es pas responsable de cette situation.

Tes parents sont deux adultes qui se sont engagés l'un envers l'autre. Peu importe ce qui se passera dans leur vie personnelle après cette rupture, ça ne regarde qu'eux. Je souhaite qu'un jour que tu en arrives à pouvoir dire : «Moi, j'ai une relation avec toi papa et avec toi maman. Je vais vivre ces deux relations jusqu'à la fin de mes jours car vous serez toujours mon père et ma mère. Vivons donc si vous le voulez en fonction de ce que nous sommes l'un pour l'autre.»

(Chantal Asselin, infirmière)

Accepte leur séparation en te disant qu'il y a certainement des données que tu ne connais pas ou que tu ne comprends pas encore. Essaie de te situer par rapport à cette séparation-là, de définir ce que ça représente pour toi : quel en sera l'effet sur ta personne, en bien ou en mal. Précise et extériorise auprès de quelqu'un ta colère ou tes frustrations. Vois désormais tes parents non plus comme un couple, mais vraiment comme deux personnes à part entière. Par conséquent, ce n'est plus la femme de ton père ou le mari de ta mère, mais bien ta mère et ton père, deux personnes tout à fait distinctes.

17

Comment m'adapter à ma nouvelle famille?

Conseils de Manuel :

S'adapter à sa nouvelle famille ça ne se fait pas du jour au lendemain. Si ta mère t'apprend aujourd'hui qu'elle a un nouveau chum, père d'une fille, et qu'ils vont se voir régulièrement à partir de maintenant, il se peut que tu ne t'entendes pas à merveille avec lui dès la première rencontre. Il en est ainsi lors des premiers rapports humains, il faut du temps. On doit faire des efforts et des concessions pour parvenir à une bonne entente.

Témoignage

Claude, 16 ans :

J'ai bien de la **difficulté à m'entendre avec le nouveau chum de ma mère**. Le matin, il est bête, il ne nous adresse pas la parole. Avant, quand j'habitais avec mes parents, mon père nous laissait regarder la télé et on pouvait déjeuner plus tard. Mais avec lui, il faut que **tout le programme de la journée soit réglé d'avance**, comme dans l'armée. Non, je ne m'entends pas bien avec lui et **je ne sais pas trop comment le dire à ma mère**. J'aimerais que certaines choses changent.

Si tu te renfrognes et te précipites dans ta chambre en disant : «Lui, je le déteste, je ne veux pas le voir», cette fuite n'améliorera pas la situation et tu risques de chagriner ta mère. Tôt ou tard, il faudra que tu fasses quelques concessions, certains sacrifices. Cela peut se comparer à ton arrivée dans un nouveau groupe d'amis : une certaine période de temps va s'écouler avant que tu connaisses tout le monde. Souvent, à prime abord, certaines personnes nous sont antipathiques, mais à mieux les connaître on se dit : «Ah, *elle est très sympathique, je n'aurais pas pensé cela d'elle.*»

Témoignage

Cynthia, 14 ans :

Les semaines et les mois qui ont suivi la **séparation de mes parents** n'ont pas été faciles pour moi. **J'avais les nerfs à vif**, j'étais très impulsive, j'avais mauvais caractère, je me fâchais pour tout et pour rien, j'étais passablement désagréable. Mais à force de parler avec mon **nouveau demi-frère** Frédéric et ma **nouvelle demi-soeur** Nadia et de vivre avec eux, les choses se sont arrangées. Faut dire que je commence à m'habituer à ma nouvelle condition car ça fait à peu près un an que ma mère vit avec **le père de Nadia et de Frédéric**. Étant donné que je n'avais pas de frère ni de soeur auparavant, je suis bien heureuse d'en avoir maintenant car je m'entends bien avec eux et il fait bon de vivre ensemble. Il est contraignant d'apprendre à vivre dans une famille recomposée, et je me rends compte aujourd'hui que ça prend du temps, de la patience, de l'amour, du partage, et beaucoup de communication.

Tu sais, il est tout à fait normal qu'il y ait des frictions dans une famille recomposée. L'important est que tu sois capable de t'exprimer pour régler les différends sous-jacents à ces conflits. L'essentiel est que tu puisses trouver le bon moment pour faire savoir à la personne concernée ce que tu as à lui dire, que ce soit ta mère ou ton père, ta nouvelle belle-mère ou ton nouveau beau-père. Fais-toi une alliée de la personne avec laquelle tu t'entends bien dans ta nouvelle famille. Ne te gêne pas pour dire à l'un des membres de la famille que tu n'as pas apprécié tel ou tel agissement de sa part, mais fais-le avec calme, dans le privé, c'est toujours mieux.

Pour mieux t'adapter à ta nouvelle famille recomposée, tu peux proposer à ses membres de se réunir régulièrement afin de faire le point sur ce qui va, sur ce qui ne va pas, et sur ce qui pourrait être amélioré. Il est capital de le faire afin d'apprendre à mieux se connaître et dans le but de régler au fur et à mesure les problèmes qui surgissent. On trouve toujours un terrain d'entente quand les choses sont claires et quand tout le monde y met du sien et de la bonne volonté. Mais avant tout il faut discuter, dialoguer, ne rien garder pour soi, dire les choses que tu ressens, au fur et à mesure, dans le respect et dans une volonté de compréhension.

Témoignages
d'intervenants :

(Patricia Trudel, bachelière en travail social)

Il est bien évident que tous les membres de la famille devront vivre une période d'adaptation, et ce, sous bien des aspects. Il te faudra peut-être emménager ailleurs, redécorer ta chambre et la partager par surcroît. Dans les circonstances, la communication et les échanges de points de vue seront des moyens nécessaires et efficaces pour parvenir à une meilleure entente.

Fais ta place tout en respectant celle des autres. Rappelle-toi aussi des avantages d'une nouvelle famille : de nouveaux frères et de nouvelles sœurs, plus de monde à aimer. Donne-toi du temps...

(Sylvain Turgeon, psychothérapeute et préventionniste)

À vrai dire, l'adaptation est difficile pour tout le monde car il faut prendre le temps de s'apprivoiser. Quand tu parviendras à t'ouvrir à ton beau-père ou à ta belle-mère, il ou elle découvrira tes qualités. Tu exprimeras ce que tu ressens, tu lui poseras des questions sur différents domaines et la communication sera facilitée entre vous. Plus tu te fermeras, plus ce sera difficile. Il faut que tu parles à ton beau-père ou à ta belle mère, sinon ils ne sauront jamais ce que tu éprouves. S'ils ne se sentent pas vraiment prêts à parler avec toi, dis-toi que tu auras au moins le sentiment d'avoir fait l'effort nécessaire pour améliorer la communication avec eux. Tu pourras toujours les regarder dans les yeux sans te sentir responsable de leur attitude renfermée. Respecte-les en laissant toujours la porte ouverte à une franche discussion afin de mieux progresser dans votre relation.

(Chantal Asselin, infirmière)

Prends le temps de connaître les membres de ta nouvelle famille. Réfléchis à la place que tu occupes et à la leur au sein de cette famille recomposée. Discute avec chacun afin de mieux les comprendre. Pourquoi ne pas échanger aussi avec eux chaque semaine à propos de vos sentiments et de vos attentes en ce qui a trait à votre nouvelle situation familiale?

18

Que puis-je faire pour aider à améliorer la communication entre les membres de ma famille?

Témoignage

Jessica, 16 ans :

Je n'ai rien à dire à ma famille. C'est simple : **ma vie c'est ma chambre et mon téléphone**. Quand je rentre de l'école, je m'enferme dans ma chambre et je parle avec mes amis au téléphone. Quand vient l'heure des repas, je **mange en vitesse** et je retourne dans ma chambre. Je téléphone à d'autres amies, **je fais mes devoirs**, puis, je me couche. **Ma famille ne m'intéresse pas**.

Conseils **de Manuel :**

Il est toujours souhaitable de chercher à se rapprocher des membres de sa famille. Plus une famille est unie, plus la vie de famille est agréable, plus on vit de beaux moments, et plus on en conserve de beaux souvenirs. Comme toujours, il est très important de privilégier la communication entre les membres de sa famille. Il faut pouvoir parler de toutes sortes de sujets qui nous intéressent, de ne pas éviter de poser des questions à nos parents sur la vie, l'avenir, la planète, l'amour, et même sur ces choses qui nous semblent banales. Échanger ensemble contribue à resserrer les liens de complicité entre les membres de la famille. De nos jours, les ordinateurs, l'internet, les jeux vidéo, toute la technologie informatique rendent la communication plus difficile. Chacun est soudé à son écran et, sans trop s'en rendre compte, on se parle moins. Tu conviendras avec moi que ces outils électroniques ne favorisent pas les rapprochements entre les membres de ta famille.

Réserve-toi donc des moments pour communiquer en famille. Cela peut se faire pendant les petits-déjeuners ou les repas du soir en semaine car la plupart du temps tous les membres de la famille y sont présents. Les petits-déjeuners du week-end constituent aussi des moments propices à la communication, on dispose de plus de temps. Les sorties, les activités en famille, les vacances peuvent grandement aider à resserrer les liens entre les membres de la famille. La vie de famille est tellement plus agréable quand elle est vécue dans la complicité. On peut aussi proposer des activités de plein air aux membres de sa famille. Sortir du cadre habituel de la routine contribue souvent à détendre l'atmosphère et favorise les conversations, les confidences et le rapprochement les uns des autres.

Témoignage

Simon, 15 ans :

Je trouvais cela **plutôt emmerdant** de partir encore en vacances avec mes parents à 15 ans. C'est pourtant tout à fait normal, mais moi je ne savais pas quoi faire, ni quoi dire à mes frères, à mes soeurs, et à mes parents. **Comme ça allait donc être long deux semaines de camping tous ensemble** ! Mais je me trompais, ces vacances m'ont beaucoup rapproché d'eux. **Je n'en reviens pas** ! Le fait d'avoir beaucoup parlé avec mon père et ma mère a changé bien des choses ; tellement qu'après notre retour à la maison, je n'avais qu'une seule idée en tête : retourner en vacances en famille. On se connaît davantage maintenant, il me semble. **L'atmosphère est moins tendue** à la maison et les rapports sont plus faciles entre mes parents, mes frères, mes soeurs et moi.

Témoignages
d'intervenants :

(Sylvain Turgeon, psychothérapeute et préventionniste)

Dis-toi que chacun des membres de ta famille est responsable de ses propres rapports avec les autres et qu'il doit exprimer ses intérêts et ses attentes. Cependant, tu peux de ton propre chef prendre la décision d'améliorer la communication avec tes parents, tes frères et tes soeurs car le noyau familial est une source extraordinaire à préserver. Pour ce, occupe la place qui te revient, remplis tes obligations, effectue les tâches qui te sont confiées. Si ton frère et ta soeur n'en font pas autant, laisse à tes parents le soin de les sermonner, c'est leur rôle et ça ne te concerne pas.

92

Bien entendu, il est bien plus agréable de se respecter les uns les autres. Tout en vaquant à tes activités, si tu trouves que les autres membres de ta famille t'en demandent trop ou pas assez, tu dois leur faire savoir. Dis-le-leur franchement. C'est déjà une bonne façon d'améliorer la communication. La famille, c'est le coeur. Il est bon d'être attentionné pour sa famille, d'être ouvert et à l'écoute de ses autres membres.

(Patricia Trudel, bachelière en travail social)

Au repas du soir ou lors des week-ends, improvise donc une petite réunion familiale où on se dit des choses, où on prend le temps de voir comment tout le monde va... Ça prend une personne pour ouvrir le bal, pourquoi pas toi ?

(Chantal Asselin, infirmière)

Verbalise tes sentiments et tes craintes, prends le temps de partager et d'échanger avec eux.

(Julie Deslauriers, comédienne)

Il faut proposer aux autres membres de sa famille de trouver chaque semaine un moment favorable à la communication, le brunch ou le souper du dimanche, par exemple. Cette réunion familiale pourrait servir à faire le point sur la semaine précédente, en obligeant chacun à reconnaître un comportement, une décision ou une initiative qu'il a pu apprécier d'un ou plusieurs membres de la famille, de même qu'une action qui lui a déplu. Tout le monde pourrait s'exprimer et tenter de s'améliorer au cours de la semaine suivante. En ce qui concerne les rancoeurs et les déceptions refoulées dans l'anonymat, mieux vaut les écrire. C'est un pas courageux vers la communication que d'étaler ses émotions sur papier...

Les amis
et
l'école

19

Pourquoi les gars adoptent-ils une attitude différente seuls ou en groupe?

Conseils de Manuel :

Il existe dans notre société des groupes de gars et des groupes de filles mais ils ne fonctionnent pas avec la même dynamique. La pression qu'exerce le groupe sur chaque membre n'est pas la même non plus. Ce n'est toutefois pas surprenant puisque leur nature est différente. Beaucoup de filles se plaignent souvent à l'aube d'une relation avec

Témoignage
Éliane, 13 ans :

Je suis en 2e secondaire et je me sens bien triste. J'ai rencontré un gars qui me plaisait beaucoup, il était super gentil, très affectueux, très attentif, et j'avais vraiment l'impression qu'**on commençait une formidable relation**. Puis à un moment donné, il est venu me voir. Ce n'était **vraiment plus le même gars**. Il m'a alors révélé qu'il faisait partie d'un groupe et que ses copains lui avaient carrément demandé de **choisir entre son groupe et moi**. **Tout s'est terminé abruptement**, sans même que nous puissions en reparler. Je ne comprends pas pourquoi !

un gars : « Il est bizarre ce gars-là, il n'est pas du tout le même gars seul ou en groupe. » On voit cela régulièrement. Même si l'on comprend ce phénomène, ça ne veut pas dire qu'on accepte les agissements du gars mais cela jette une lumière nouvelle sur les raisons de ses actes.

Les gars ont en général moins de maturité que les filles, ce sont d'éternels enfants. Et un gars en groupe est encore plus puéril que quand il se retrouve seul. On a l'impression qu'il retombe en enfance, et plus le groupe de gars est nombreux, et plus chaque individu du groupe nous semble manquer de maturité. Un groupe de gars exerce une forte influence sur ses membres : il dicte souvent les comporte-ments et les choses à faire ou à ne pas faire. Voici un exemple : un gars s'assoit près d'une fille et lui parle ; il peut vraiment se permettre d'être lui-même si les autres gars de son groupe ne sont pas là. Il plaît à la fille, il est très romantique. Le lendemain, la fille revoit ce même gars en compagnie de son groupe et cette fois-ci ; il passe à côté d'elle et la regarde à peine.

Évidemment, quand un gars est avec son groupe et s'approche d'une fille pour lui parler, il doit posséder une forte personnalité pour se permettre un tel geste car s'il a une personnalité plus faible, et laisse en plan son groupe de gars pour aller saluer une fille, il va se faire demander qui est cette fille aussitôt qu'il retrouvera son groupe. Les membres du groupe vont le taquiner à ce sujet, le bruit va se répandre dans l'école, et finalement tout le monde va savoir que Martin a le béguin pour la petite Lucie. Martin se sentira angoissé car les remarques des autres atteindront son ego, son orgueil.

Voilà pourquoi les gars agissent différemment selon qu'ils sont seuls ou en groupe. Seuls, ils peuvent être eux-mêmes ; en groupe, ils adoptent la personnalité du groupe. Quand la fille comprend ce phénomène, cela ne devient pas plus facile à accepter pour autant, mais il est alors plus simple pour elle de s'expliquer le comportement changeant des gars.

Si la fille manifeste au gars son appui et fait montre de compréhension à son égard, si elle lui dit de prendre son temps et l'assure qu'elle ne l'obligera pas à être présentée à son groupe, un tel contexte aura pour effet de mettre le gars en confiance car il saura alors qu'il n'aura pas de pression à subir de la part de cette fille et, petit à petit, il pourra faire un heureux compromis entre son groupe de gars et cette même fille. Cela peut éventuellement amener le gars à se tenir debout, à se

Sylvie, 16 ans :

J'ai rencontré un garçon récemment et **je le trouve souvent changeant**. Quand il est avec moi, on a du plaisir, on rit. Quand il est avec son groupe, il est plus pressé, plus sec, on dirait qu'il ne m'écoute pas, qu'il est **préoccupé par quelque chose d'autre**. J'ai voulu **savoir pourquoi** et il m'a expliqué qu'il était plutôt tourmenté car son groupe de gars savait qu'il s'intéressait à une fille. Il ne voulait pas **que toute l'école le sache**. Je lui ai alors dit de prendre son temps et de régler son problème. Finalement, Matthieu a dit à son groupe d'amis qu'il **vivait avec moi une relation sérieuse** et que j'étais une fille « correcte ».

respecter lui-même, à croire en ses propres opinions et à pouvoir dire à son groupe d'amis : « Cette fille-là je l'aime, je sors avec elle, que vous soyez d'accord ou non, elle fait maintenant partie de ma vie. Le fait de comprendre ce genre de comportement aidera les filles à bien transiger avec les garçons.

Un groupe de gars met en pratique la notion de territoire et d'exclusivité et il existe chez eux un code de comportements que chaque membre du groupe doit suivre à la lettre. Dans le groupe, seuls les membres sont les bienvenus. Dans un groupe de filles, c'est différent car il faut savoir que les filles entre elles peuvent se montrer beaucoup plus dures. Si une des filles du groupe sort avec un beau gars, les autres filles vont l'accepter, elles vont même éprouver du plaisir à le voir car elles vont dans certains cas essayer de le charmer et de profiter de la situation.

Témoignage
d'un intervenant :

(Richard Godon, praticien en métaphysique)

Il est assez déconcertant en effet de vivre un bouleversement inattendu dans ta relation avec ton petit ami aussitôt qu'il rencontre ses chums. Il change de comportement, te néglige, un froid s'installe. Il est indifférent subitement à ce qu'il vit avec toi et te laisse même tomber pour ses copains. Pourtant il dit t'aimer très fort et ne pas vouloir te perdre mais il n'arrive pas à le démontrer quand il est en groupe. Il peut même arriver que ton ami sorte de son côté un soir avec ses amis et s'il te rencontre dans le même bar, il peut t'accuser de l'espionner devant son groupe d'amis, juste pour se donner une contenance.

L'une des raisons qui expliquent la différence marquante de l'attitude du gars quand il est seul ou quand il est en groupe, c'est sans conteste une question de maturité. La fille a souvent l'impression à ce moment-là d'être mise à l'écart. Quand le gars la retrouve et qu'il est seul, il est obligé d'agir par lui-même et il fait face alors à sa propre timidité, à sa gêne, comme une projection de son image dans le miroir. Avec la fille, il se voit tel qu'il est en réalité, en dehors de son groupe d'amis. Il ne sait peut-être plus trop à qui et à quoi s'identifier alors. Le gars se devrait à ce moment-là d'être honnête et de partager ce qu'il ressent avec son amie, lui faire comprendre qu'il n'a pas l'intention de la mettre de côté même s'il lui donne cette impression en présence de ses amis. À dialoguer ensemble, ils développeront tous les deux une forme de complicité et ils découvriront leurs propres particularités. Ainsi naîtra entre eux une plus grande compréhension de leurs différences et de leur complémentarité.

20

Que faire pour résister aux pressions que mon groupe d'amis exerce sur moi?

Conseils de Manuel :

Témoignage

Jim, 15 ans :

Quand mes amis veulent qu'on fasse une activité quelconque et que je n'accepte pas d'y participer, ils **me menacent** de ne plus faire partie du groupe et ils me rejettent. Ils affirment que si je ne suis pas capable de faire ce que tous les autres font, **tant pis pour moi,** je n'aurai qu'à me trouver d'autres amis si ça ne me plaît pas. Au bout du compte, je finis toujours par dire oui par **peur de me retrouver seul, sans**

Il n'est pas facile de résister aux pressions d'un groupe d'amis, surtout à l'adolescence, mais si la situation se présente, il faut rester soi-même et ne pas se laisser influencer de manière négative. Si tu manques de personnalité, si tu es faible, si tu ne te respectes pas, tu seras prêt à faire tout ce que les autres voudront que tu fasses, et tu en seras malheureux car tu ne pourras t'affirmer. Les gars du groupe diront alors : «Oui, on fait telle chose, on se rend là-bas.» Même si ce n'est pas nécessairement malhonnête, tu seras incapable de t'imposer : «Non, moi ça ne me tente pas, j'aimerais mieux qu'on fasse quelque chose d'autre.» Si tu ne le fais pas dès le début, ce sera encore plus difficile de le faire avec le temps. Moins tu diras ce que tu penses, plus tu éprouveras de la difficulté à donner ton avis et à dire ce que tu ressens dans la vie. Exploite ton leadership, affirme tes convictions et respecte tes décisions.

Si tu adoptes un comportement de suiveur ou de suiveuse, cela conduit généralement à une personnalité diluée, un être dépendant au point de se laisser mener par ses parents, ses amis, son employeur, sa blonde ou son chum. Dire ce que tu penses, d'une façon convenable, est une habitude qu'il te faut absolument acquérir. Si tu ne te respectes pas dans la vie, sois sûr d'une chose, les autres s'en rendent compte. Les gens reconnaissent les individus qui manquent de personnalité. Certains pourraient leur imposer des choses, les entraîner à leur perte ou les abuser. Quand tu agis toujours selon la volonté des autres, tu peux penser : «*Ils vont me trouver gentil et ils vont finir par faire ce que je veux.*» Malheureusement, ce sera tout le contraire. Plus tu feras ce qu'ils attendent de toi, moins ils voudront faire ce que toi tu veux. Plus ils abuseront de toi, plus ils en voudront davantage. C'est là une loi de la vie.

Témoignage

Amélie, 16 ans :

Le groupe d'amis de mon chum voulait faire certaines choses avec lesquelles **mon ami n'était pas d'accord**. On a discuté ensemble et j'ai dit à mon chum : «Écoute, tu es libre de faire ce que tu veux. Ils veulent que tu fasses des tas de choses avec lesquelles **tu n'es pas d'accord** et moi non plus. Tu devrais le leur dire au risque de les perdre. S'ils tiennent à toi, ils te respecteront et demeureront tes amis.» Finalement, mon chum a dit ce qu'il pensait et, bien sûr, cela a créé des différends. Mais en fin de compte, les membres du groupe **ont trouvé ses arguments convaincants** et pleins de bon sens. Ils ont même laissé tomber leur idée.

101

Il faut savoir s'affirmer de façon respectueuse et civilisée. Prendre sa place dans un groupe, avec son chum, avec sa blonde, être capable de dire non, de donner son avis, pouvoir dire «je suis d'accord», ou «non, je ne suis pas d'accord car j'aimerais mieux que...», ces actions créeront des amitiés profondes et réelles. Car dans la vie, on admire toujours quelqu'un qui se respecte et on finit toujours par mépriser les marionnettes. Aie confiance en toi, en tes convictions.

Témoignages
d'intervenants :

(Chantal Asselin, infirmière)

Il faut te poser les questions suivantes : «Pourquoi exercent-ils cette pression sur moi? Quelle satisfaction vont-ils en retirer si je me soumets à ce qu'ils veulent?» Ensuite, tu dois te demander quel sera ton propre contentement par rapport à ce geste qu'ils t'ordonnent expressément de poser? Réfléchis à ta position relativement aux pressions qu'ils exercent sur toi, détermine pourquoi ils insistent à ce point, et si tu veux participer à ce genre de manigance, qu'en retireras-tu dans ces conditions?

(Sylvain Turgeon, psychothérapeute et préventionniste)

Tes amis t'ont choisi pour être dans leur groupe car tu es unique. Faire partie d'un cercle d'amis, c'est quelque chose d'extraordinaire mais pas à n'importe quel prix. Si tu te sens entraîné malgré toi à adopter des comportements négatifs qui, au départ, ne te semblent pas trop honnêtes ou sains, il faut que tu puisses en discuter avec un adulte en qui tu as confiance pour mieux discerner si tel geste posé par le groupe est positif. C'est pour cette raison qu'il te faut soupeser le pour et le contre des pressions que ton groupe d'amis exerce sur toi; savoir dire non quelquefois rapporte beaucoup.

(Patricia Trudel, bachelière en travail social)

À l'école, entre amis, dans la rue, on peut souvent ressentir la pression de nos pairs. Que ça soit pour agir d'une telle manière, pour fumer, pour consommer, pour voler, etc. L'important c'est de se poser des questions : Suis-je bien dans cette situation? Est-ce que je me respecte quand je suis le groupe? Est-ce que je respecte mes valeurs quand j'agis ainsi? Si tes amis t'obligent à certaines choses, ce ne sont peut-être pas de bons amis? Parles-en à tes proches ou à toute personne susceptible de t'aider.

21

Que puis-je faire si je pense à lâcher l'école? (décrochage scolaire)

Conseils de Manuel :

Témoignage Marco, 14 ans :

Je comprends que les études puissent paraître interminables et pénibles par moments mais elles sont essentielles. Pourquoi? pour y apprendre les choses qui t'aideront à préparer ton avenir, pour te familiariser avec un métier que tu aimes, pour apprendre une profession, connaître tes limites et développer tes habiletés. C'est vrai qu'il y a des périodes dans la vie où nous sommes plus fatigués, moins motivés pour différentes raisons. On en a marre et on veut tout lâcher. On se dit qu'on retournera à l'école un peu plus tard dans la vie. Je pense que tout élève y a pensé au moins une fois dans sa vie. Est-ce une erreur de penser qu'on peut lâcher l'école du jour au lendemain en se disant qu'on y retournera quand

Je suis en 3e secondaire et **je déteste l'école** depuis toujours. **Je trouve ça long,** je ne comprends pas, **j'ai de la difficulté à me concentrer**, je trouve ça tellement difficile les cours que je me suis demandé : **À quoi ça sert l'école**? La seule chose que j'aime à l'école c'est de pouvoir y rencontrer mes amis. À bien y penser, je vais tout lâcher, me trouver un travail et faire de l'argent, **oui, je vais enfin travailler**. Quand je verrai mes amis le soir, j'aurai de l'argent. Finies les questions de mes parents sur mes dépenses, plus de comptes à rendre. L'école, **quelle perte de temps**!

on le voudra? Si tu lâches l'école, tu te retrouves à part des autres. Tous tes amis vont à l'école. Tu es seul, tu n'apprends plus rien, tu prends du retard, tu restes chez toi, tu végètes. À 12, 13, 14, et 15 ans, ton emploi dans la vie c'est d'aller à l'école.

Plus tu attendras avant de retourner à l'école, et plus ce sera difficile de reprendre tes études. Il ne faut pas tout lâcher à la moindre petite embûche ou au premier signe de fatigue. Ce conseil est valable toute ta vie durant. Si au moindre problème, que ce soit à l'école, sur le marché du travail, dans ta vie amoureuse, personnelle ou profession-nelle, tu veux tout lâcher, ta vie sera un perpétuel recommencement. Tu ne réaliseras pas grand-chose. On apprend beaucoup de nos épreuves. Permets-moi de te donner un conseil, à l'école, il te faut pervévérer, être fier de toi pour pouvoir un jour te dire que, malgré les difficultés, tu as réussi. Tu l'as fait pour toi.

Il existe dans les écoles plusieurs personnes-ressources qu'il ne faut pas hésiter à consulter dans pareil cas. Si on a le goût de décrocher, on peut aller voir notre prof préféré, le directeur de l'école, le directeur de niveau, le psychologue, le travailleur social, le policier-éducateur, etc. Tous ces gens-là sont des spécialistes qui peuvent te motiver à poursuivre tes cours grâce à des arguments convaincants et logiques. Ils sont là pour t'encourager à continuer tes études. Si tu as décroché, ils peuvent aussi t'aider à retourner aux études, et ce, dans la plus stricte confidentialité. N'hésite surtout pas à les consulter. Il est important de rester à l'école, c'est une question de survie dans notre société actuelle.

Témoignages d'intervenants :

(Sylvain Turgeon, psychothérapeute et préventionniste)

Qu'envisages-tu de faire d'ici deux ou trois ans, ou dans un avenir rapproché? Je tiens à t'informer que la société actuelle accorde en-core beaucoup d'importance à l'obtention d'un baccalauréat, d'une maîtrise ou de hautes études commerciales. Il est donc de plus en plus difficile de faire carrière sans poursuivre des études supérieures. Mais d'autre part, il faut aussi garder à l'esprit que beaucoup de gens ont réussi avec leur certificat de 5e secondaire en main. Par conséquent, si les études ne font pas partie de tes priorités, je te suggère au moins de finir ton 5e secondaire minimum et de prendre le temps ensuite de réévaluer ta situation. Tu pourras mieux voir ou entrevoir alors les conséquences du geste que tu poserais en n'entreprenant pas des études supérieures.

Si tu décrochais avant d'avoir atteint cette étape préalable, tu risquerais de devoir faire face à plusieurs conflits au moment de reprendre tes études. Tu fais peut-être plutôt partie de ces gens plus habiles au point de vue manuel, et c'est excellent. La société aura toujours besoin de ce genre d'aptitudes.

(Patricia Trudel, bachelière en travail social)

Très peu de jeunes réussissent à trouver un travail intéressant sans diplôme. Le plus beau cadeau que tu puisses te faire, c'est du moins de finir ton DES (diplôme d'études secondaires) ou ton DEP (diplôme d'enseignement professionnel). Imagine ta fierté à ton bal de finissants !

L'école ce n'est pas toujours facile, c'est vrai. Certaines matières peuvent vraiment t'occasionner plus de difficultés que d'autres. Mais la persévérance apporte le succès. Demande de l'aide ! Tu y as droit !

De plus, quand on a décroché, il est encore plus difficile de « raccrocher ». Parles-en à des décrocheurs, tu verras bien. D'autre part, dans les écoles d'éducation aux adultes, tu dois te motiver toi-même davantage pour réussir. On oublie vite la matière quand on a fermé nos livres pendant quelques années.

Réfléchis bien aux raisons qui t'incitent à abandonner l'école et demande-toi ensuite si la seule solution est de tout lâcher... Ton avenir est entre tes mains...

(Chantal Asselin, infirmière)

Premièrement, si tu penses à lâcher l'école, essaie encore une fois de soupeser le pour et le contre. Pour quelles raisons veux-tu lâcher l'école ? Quels seraient vraiment les bienfaits, les aspects positifs de ton décrochage scolaire ? Tente de déchiffrer, de décortiquer tous les pourquoi qui t'incitent à décrocher.

Témoignage

Ève, 16 ans :

Je vais terminer mon secondaire dans quelques mois. Il y a un an exactement, au beau milieu de mon 4e secondaire j'éprouvais beaucoup de difficultés. J'étais **incapable de me concentrer** pendant les cours, mes notes laissaient à désirer, j'étais beaucoup plus **fatiguée que d'habitude**, je n'avais plus de motivation, je n'avais plus le goût d'aller à l'école. J'en ai donc parlé à ma meilleure amie et elle m'a dit : « Avant de prendre une décision qui serait peut-être lourde de conséquences, tu dois trouver quelqu'un pour te conseiller. » Nous sommes allées voir **notre prof préféré**, celui de maths, qui a même pris rendez-vous pour moi avec la travailleuse sociale de l'école. Elle sait ce qu'il faut te dire, comment te motiver, et t'expliquer quoi faire pour **trouver des raisons de continuer** quand tu es déprimée. Elle t'explique l'importance de finir tes études secondaires, les difficultés que je pourrais rencontrer si je lâchais l'école. Tout bien réfléchi, tu comprends avec elle cette **chance de te préparer un bel avenir** en persévérant et en continuant d'aller à l'école. Tu seras bientôt appelé à faire ton choix de carrière. C'est excitant.

Je voudrais conseiller à tous ces jeunes qui pensent à décrocher de l'école d'aller voir un psychologue, un travailleur social, un professeur ou un adulte, et de le consulter, **avant de prendre une telle décision**. Ces professionnels vous feront comprendre que ce n'est peut-être pas une si bonne affaire de lâcher l'école.

En fait, les adolescents qui viennent me rencontrer après avoir abandonné l'école se retrouvent retranchés de leurs pairs, des jeunes de leur âge. Dans de telles circonstances, pourquoi ne pas poursuivre tes études à l'éducation des adultes au lieu de décrocher complètement ? Tu y découvriras de nouvelles idées, une maturité différente, et c'est souvent ce que tu recherches. Grâce à ton bagage d'expériences, tu as peut-être cheminé plus vite que les autres adolescents de ton âge. Le fait de te retrouver avec de jeunes adultes qui défendent les mêmes idées que toi et qui partagent les mêmes préoccupations t'amènera peut-être à ne plus voir l'école et tes pairs comme un obstacle à ton évolution.

Bien souvent, des adolescents lâchent l'école pour travailler un an ou deux, mais ils fréquentent quand même les cours du soir. C'est pourquoi je te suggère cette porte de sortie pour ne pas nuire à la continuité de tes études. C'est certainement une solution qui combine travail et études, et c'est possible grâce à une bonne gestion de ton temps et à une excellente organisation de ta vie personnelle.

(Le Refuge des jeunes de Montréal)

Le Refuge des jeunes de Montréal est un centre d'accueil de nuit et de référence visant la réinsertion et l'intégration des jeunes hommes en difficulté et sans-abri de 18 à 24 ans, en leur offrant un suivi individualisé pour sortir de la rue. Éclatement de la famille, décrochage scolaire, chômage chronique, pauvreté, bien des raisons expliquent qu'un jeune homme qui a la vie devant lui ait de la difficulté à s'en sortir. Alcool, drogue, maladie mentale et sida font partie du quotidien d'un bon nombre d'entre eux. Plus de la moité sont absolument sans revenu, 7 sur 10 ont connu la rupture familiale et les centres d'accueil. L'itinérance, c'est l'absence d'avenir, la déroute, la solitude. Les jeunes qui frappent à la porte du Refuge ont des rêves et beaucoup de potentiel pour les réaliser. C'est avec leurs projets, leurs rêves et la place que nous leur ferons qu'ils contribueront à bâtir la société de demain.

(Dan Bigras, porte-parole du Refuge des jeunes de Montréal)

Mon implication vient d'un vécu que j'ai apprivoisé quand j'étais jeune. J'en ai vu tellement en arracher. J'en ai aussi vu d'autres pourtant qui s'en sont sortis après des années de choses dures à prendre, de choses dont il est difficile de te défendre aussi, parce que quand la vie a été vache et que ça fait peur, faut passer par-dessus. Alors je me suis impliqué là-dedans parce que je me sens bien, parce que j'ai autant besoin des jeunes du Refuge qu'ils ont besoin de moi, et ça fait huit ans que ça dure.

La
prévention

Qu'est-ce que la prostitution et comment la prévenir?

Témoignage
Rose, 17 ans :

J'ai commencé à me prostituer après avoir lâché l'école car j'avais **besoin d'argent**. Je ne savais trop quoi faire pour en gagner et toutes mes tentatives pour trouver **un emploi « payant »** étaient infructueuses. Puis, j'ai rencontré Herman et, petit à petit, sans vraiment m'en rendre compte, ce gars m'a **initiée au monde de la prostitution** et il est **devenu mon souteneur**. Ça fait deux ans déjà que je me suis **laissée entraîner** dans cette drôle de galère et je voudrais bien en débarquer mais **Herman me terrorise**. Il dit qu'il va me tuer si je le laisser tomber, je ne sais vraiment pas comment m'en sortir.

Conseils
de Manuel :

Selon la définition du dictionnaire Robert, la prostitution est « le fait de livrer son corps aux plaisirs sexuels d'autrui pour de l'argent, et d'en faire métier ». Il n'est pas nécessaire d'avoir une relation sexuelle complète avec pénétration pour être considérée comme une prostituée. Une fille peut très bien faire une fellation à un garçon (ou, plus communément, lui « faire une pipe ») en échange d'argent, et c'est de la prostitution. Les filles, la plupart du temps des fugueuses, sont plus souvent victimes de la prostitution que les garçons. On l'explique en général du fait que les hommes sont plus portés sur le sexe, ils recherchent la présence de jeunes femmes, et par conséquent le marché des prostituées est plus lucratif.

Il existe évidemment un grand danger à se prostituer. C'est le début d'un cercle vicieux qui mène souvent devant les tribunaux. Tu risques d'être condamné, de faire de la prison et, à cause de la drogue, des maladies vénériennes et plus particulièrement du sida, tu risques d'y perdre ta santé et même ta vie. Même si tu as l'impression qu'en te prostituant, tu gagnes facilement de l'argent, c'est vrai mais c'est une illusion momentanée. Car te faire payer en échange de services de nature sexuelle pour te loger, te nourrir ou te droguer, hypothèque lourdement ton avenir.

Plusieurs jeunes filles mal encadrées au niveau familial qui ont un besoin d'être valorisées, d'être aimées et de s'affirmer sont des proies faciles pour les chefs d'un gang de rue et les souteneurs. Ils rencontrent les filles dans les parcs ou les stations de métro et leur en mettent plein la vue. Ils ont l'air riches, ils sont bien habillés et possèdent de belles voitures. Ils sont très gentils pendant quelques semaines jusqu'à ce que les jeunes filles en manque d'affection tombent amoureuses. Par la suite, ils leur paient la traite, les emmènent au restaurant et leur offrent de beaux vêtements.

Puis un jour on leur demande de faire leur part, et c'est ainsi qu'elles sont entraînées dans des réseaux d'escortes ou comme danseuses dans les bars. Certaines peuvent gagner jusqu'à 2 000 $ par week-end, dont la majeure partie est remise au gang ou au souteneur. Et comme elles ont besoin de beaucoup d'argent pour continuer ce style de vie, elles se sentent incapables de quitter le métier. Un des objectifs du programme de prévention de la **Maison des jeunes Kekpart** de Longueuil est justement de regrouper les filles des gangs de rue, de les sensibiliser, de les aider à prendre conscience de leur situation, et de les amener à sortir de ce cercle vicieux.

Si tu envisages de te prostituer, si quelqu'un sollicite tes faveurs sexuelles ou quelqu'un t'incite à le faire, que ce soit ton «chum», ton ami, un membre d'un gang de rue ou quelqu'un d'autre; ou encore si tu te prostitues déjà et que tu veux t'en sortir, n'hésite pas à chercher de l'aide sans tarder auprès d'un adulte compétent en qui tu as confiance. Tu peux compter également sur des organismes et des intervenants qui oeuvrent à protéger les jeunes qui s'aventurent dans la pratique de ce redoutable métier, sans pour autant les juger. Entre autres, **Passages** offre de l'hébergement et de nombreuses ressources aux jeunes filles qui souhaitent se libérer de l'emprise de leur souteneur et qui songent à quitter le monde de la drogue et de la prostitution.

Témoignage

Janelle, 25 ans :

Je me suis prostituée pendant trois ans avant de réaliser que ce métier ne me menait nulle part, sauf peut-être dans **l'immense gouffre** qui se creusait devant moi. La cocaïne et l'alcool étaient devenues **mes confidentes quotidiennes, mes dépendances**. Quel désespoir! Je voulais m'en sortir, je voulais tout arrêter, mais je savais aussi que je n'y arriverais pas seule. J'ai d'abord consulté une policière de quartier sans que mon souteneur ne s'en doute. J'avais tellement peur qu'il s'en prenne à moi.

Bien entendu, j'ai dû promettre de faire une **cure de désintoxication** et de suivre une thérapie avec un psychologue pour pouvoir **réintégrer la société**. Aujourd'hui, je suis bénévole dans une maison de jeunes pour aider les filles et les gars aux prises avec ce problème et qui veulent s'en sortir. **C'est possible, j'en suis la preuve vivante**.

Il n'est pas facile de sortir du milieu de la prostitution car dans bien des cas la drogue et la prostitution sont intimement liées, et les prostitués vivent un problème de dépendance. Ils doivent faire beaucoup d'argent pour payer leur consommation de drogue ou d'alcool. Malgré tout, la réhabilitation reste toujours possible. Pour une prostituée ou un prostitué qui cesse de consommer, le retour à la réalité se fait après un pénible sevrage entrepris dans des maisons d'hébergement. S'ensuivent différentes démarches pour retourner à l'école ou pour trouver un emploi. C'est un processus qui ne se fait pas nécessairement du jour au lendemain mais qui en vaut la peine.

Il existe aussi d'autres organismes, dont *Jeunesse, J'écoute,* qui peuvent te diriger vers un psychologue ou un travailleur social. Les responsables de ces organismes peuvent te donner de l'information à plusieurs niveaux, te fournir des ressources médicales, scolaires, juridiques, te proposer certaines banques de nourriture ou de logement.

Tu peux aussi te confier à un travailleur de rue ou à un policier éducateur, car il ne faut pas oublier que les filles qui se prostituent sont souvent sous l'emprise d'un souteneur qui les manipule et les intimide. Étant donné que le souteneur fait de l'argent avec les filles qui se prostituent pour lui, il acceptera difficilement qu'une fille veuille le quitter car il risque d'être dénoncé et de perdre une part importante de ses gains. Mais avec de l'aide, tu peux y arriver. Et il va de soi qu'une prostituée ou qu'un prostitué ne trouve jamais l'amour recherché à travers ces brumes du désespoir.

Témoignages
d'intervenants :

(Patricia Trudel, bachelière en travail social)

Quand on évoque la prostitution, on pense à la fille habillée d'une manière provocante qui aborde les autos au coin des rues populaires. Mais en réalité, la prostitution est beaucoup plus étendue et variée que ça. Elle se passe dans n'importe quelle ville ou n'importe quel village, à travers les annonces de journaux, via des agences, dans le privé d'une travailleuse du sexe avec sa petite clientèle, dans les arcades, dans des bars de danseurs et de danseuses, dans les toilettes publiques... La prostitution est autant masculine que féminine, ou transexuelle ; elle existe autant chez les mineurs que les adultes, et n'a pas de visage ou de « look » type. La prostitution est reliée étroitement à la survie du monde de la rue, à la dépendance à la drogue et/ou à la dépendance affective que la femme a envers son chum qui est en réalité son souteneur très souvent.

Au départ, on doit se rappeler que la prostitution de rue commence subtilement et par une absence de choix, surtout chez les mineurs. Ce n'est pas tout le monde qui a vécu une enfance heureuse, et rares sont ceux ou celles qui rêvent de ce métier. La rue guette les gens qui fuient leur milieu et elle n'offre que très peu de solutions pour survivre. Une jeune fugueuse qui arrive dans les grands centres peut se faire recruter en moins de 24 heures par des personnes douteuses qui n'afficheront pas leurs couleurs avant bien longtemps dans certains cas. Ces personnes lui proposeront un toit, de la nourriture, un semblant d'amour en échange de services éventuels, sous la menace et la violence si nécessaire. Alors, avant d'étiqueter ou de juger une femme ou un homme qui se prostitue, rappelle-toi qu'ils sont des êtres humains d'abord et avant tout. Ils ont besoin d'amour et de sécurité comme nous tous.

La drogue et les faux amis les ont coincés dans un monde dangereux et difficile. Ces êtres ont droit à leur chance. Si certaines personnes finissent par choisir le métier de la prostitution, ils ne le souhaitent sûrement pas aux autres, surtout pas aux mineurs. Si en échange d'un service ou d'argent on te propose un geste à caractère sexuel, rappelle-toi qu'il y a moyen d'éviter de te retrouver à la rue à cause de l'engrenage de la prostitution. Les blessures laissées par la prostitution sont très profondes. À toi de voir si tu penses qu'on essaie d'abuser de toi ; sois alerte. Cherche de l'aide à travers les différents organismes de ta ville. Il existe des refuges de nuit et des maisons d'hébergement, et tout **CLSC** a un service social où tu peux aller en parler.

(Pierre Lescadre, coordonnateur du programme de sensibilisation aux drogues de la GRC)

Dans le but de prévenir la prostitution, j'essaie d'abord et avant tout d'établir un climat de confiance avec le jeune, de parler avec lui pour essayer de voir ce qu'il est en train de vivre. Pourquoi veut-il se prostituer ? pour obtenir des sous ? pour payer sa drogue ? Souffre-t-il tellement d'une communication inexistante avec ses proches au point de se laisser entraîner ? Trouve-t-il que la prostitution est un moyen très facile de faire beaucoup d'argent pour pouvoir «faire la fête» très rapidement ?

À partir des réponses qu'il me donne, je vais tenter de l'informer dans la mesure du possible, de l'aider, de le renseigner à plusieurs niveaux, que ce soit au point de vue des valeurs, de l'aspect social ou culturel, puis, je discute avec lui pour savoir comment il vit ça et où il s'en va. Je sais aussi que mes collègues de travail, des policiers comme moi, ont mis en place un certain système de prévention. Ils ont repéré les coins de la ville où les jeunes pratiquent la prostitution et, dans un premier temps, ils déterminent qui sont ces jeunes et en avisent les parents. Si la démarche auprès des parents ne fonctionne pas, alors nous entrons en contact avec des services publics connus comme la **Protection de la Jeunesse.**

Nous parlons de prévention aux jeunes, à l'école, dans le cadre des cours. Je préconise les tables rondes où nous nous assoyons tous ensemble et où les jeunes ont beaucoup à dire. Nous cherchons alors à les renseigner le mieux possible. Bien entendu, la prostitution peut sembler bien alléchante au début mais il existe des conséquences fâcheuses au fait de se prostituer. Et il faudra bien un jour en payer le prix.

⚡ (Passages)

Passages est une maison d'hébergement située à Montréal qui accueille des jeunes filles entre 14 et 22 ans qui font de la prostitution et les jeunes fugueuses à risque désirant entreprendre des démarches vers leur réinsertion sociale pour ainsi explorer une alternative à la prostitution. Ces jeunes itinérantes, prisonnières de leurs angoisses, isolées, font face à la nécessité de trouver des moyens de survie. Elles deviennent des proies faciles pour les souteneurs qui leur font croire en une solution rapide et payante, laquelle se transforme vite en un cauchemar, les entraînant dans l'engrenage de la drogue et de la prostitution.

Passages est un milieu de vie où elles réussissent à modifier leurs comportements face aux problématiques de vol, de prostitution, de violence verbale et physique, de consommation de drogue, d'alcool, ou de médicaments. *Passages* distribue annuellement plus de 4 000 condoms lors du travail de rue. La sensibilisation-prévention dans les écoles offre une rare occasion aux étudiants de démystifier un sujet encore tabou et permet aux professionnels de s'interroger sur leurs méthodes de travail, leurs valeurs et leurs modes d'intervention. *Passages* progresse avec conviction pour être en mesure constamment d'intervenir avec intégrité et respect auprès de celles qui en ont besoin. **Et si c'était ta fille, ta soeur, ton amie...**

Que doit-on faire si on est victime de «taxage» à l'école ou ailleurs?

Conseils de Manuel :

Que signifie taxer quelqu'un? Si quelqu'un essaie de te soutirer un bien en utilisant l'intimidation ou la violence, que ce soit à l'école ou ailleurs, tu te fais taxer. Personne n'a le droit de faire une telle chose car c'est un acte illégal et interdit par la loi. Si tu es victime de «taxage» de la part d'une ou plusieurs personnes, tu ne dois absolument pas hésiter et dénoncer tes agresseurs. Si tu ne le fais pas, ces gens risquent de recommencer ce même manège avec toi ou avec d'autres.

Ces taxeurs ont un grave problème et il faut intervenir, il faut réagir. Savais-tu que les choses s'enveniment parfois au point où certaines victimes de «taxage» en arrivent à se suicider par désespoir, par désarroi. Les «taxeurs» utilisent le «taxage» parce que ça marche : «Je menace quelqu'un de lui flanquer une bonne volée s'il ne me donne

Témoignage
Gilles, 14 ans :

J'ai été victime de «taxage». Une bande de gars a volé mon manteau de cuir et j'ai très peur; **ils m'ont menacé de faire des choses pires encore si je les dénonçais**: je n'ai donc rien dit. Ils m'avaient assuré qu'ils ne m'embêteraient plus mais ils ont tout de même recommencé, ils ont **volé mes espadrilles**. Ça fait deux fois qu'ils me font le coup! Je veux que ça arrête mais je ne sais comment m'y prendre pour **faire cesser ce chantage**.

pas son manteau de cuir, et il me le donne. Parfait! je vais continuer!»
Il faut absolument faire cesser ce genre d'agissements! Confie-toi à un
adulte ou à un autre ado qui peuvent être en mesure de t'aider. Va voir
tes parents, un psychologue, un prof ou un policier éducateur, et
raconte-leur dans les moindres détails ce qui t'est arrivé.

N'exagère pas les faits, raconte simplement la stricte vérité. Ceux à qui tu te confieras pourront intervenir en ta faveur, te protéger et faire en sorte que cela ne se reproduise plus jamais. Ils vont faire intercepter ces «taxeurs» et mettre fin à leurs activités. N'aie aucune crainte, ils te protégeront afin que ces «taxeurs» n'exercent pas de représailles contre toi car tu les as dénoncés. De toute façon, si tu dénonces un groupe ou un individu, cela se fait toujours sous le couvert de l'anonymat. Il ne faut pas croire que les spécialistes ou les policiers interviennent auprès des «taxeurs» en leur révélant qui les a dénoncés. C'est une information strictement confidentielle.

Témoignages d'intervenants :

(Richard Desjardins, coordonnateur de la Maison de jeunes Kekpart)

Prévention du taxage chez les jeunes

Première étape: La première chose à faire pour contrer le «taxage», c'est d'en parler immédiatement à

Témoignage

Sylvain, 16 ans :

Le gang de rue qui m'a taxé **m'a fortement conseillé de ne rien dire** sinon ça irait très mal pour moi. J'en ai quand même parlé à mon meilleur ami, puis, j'ai réfléchi à tout cela et j'en ai ensuite discuté avec mes parents. Par la suite, mes parents et moi sommes allés **dénoncer le gang** à mon directeur d'école. On a pris rendez-vous avec lui en soirée et je lui ai raconté exactement ce qui s'était passé. Je connaissais ceux qui m'avaient fait ça, ce fut donc facile pour moi de donner leurs noms. Je n'étais sûrement pas **la première victime** de ce gang, il y en avait eu sûrement beaucoup d'autres avant moi, mais par peur de violence, personne ne les avaient dénoncés. La direction de l'école a agi très rapidement et **le gang fut intercepté** par la police communautaire. **Il a été démantelé** et il ne semble plus avoir de problème de «taxage» dans notre école, **du moins c'est ce que l'on croit**?

117

une personne de confiance à qui tu peux communiquer tes craintes (une amie, un ami, ta famille, un professeur, ton directeur d'école, un professionnel de la santé, un travailleur de rue, un policier). Le principe est de ne pas s'isoler avec son problème.

Deuxième étape: Adresse ta plainte à un policier, à ton école ou directement à un poste de police. Essaie le plus possible d'être accompagné par un ami, des parents, un intervenant, etc. pour que vous puissiez en discuter et obtenir un bon suivi pour ta plainte.

Troisième étape: Va chercher tous les outils nécessaires afin de reprendre confiance en toi.

Quatrième étape: il s'agit d'informer les parents du jeune qu'on a taxé avec l'accord de celui-ci; rencontrer le jeune et ses parents pour le suivi de leur démarche, les accompagner.

Description du taxeur: âgé entre 13 et 17 ans, il arbore un look militaire avec souvent un foulard au front ou au bras. Parfois, des lettres sont collées sur son sac à dos pour indiquer son appartenance à son gang de rue.

Ce qu'il veut: au primaire : bonbons, crayons, lunch du midi, articles scolaires. Au secondaire : casquettes, manteaux sport, chaussures de course, cartes d'autobus, argent de poche.

Sur la rue: argent, cartes de crédit, manteaux de cuir.

Profils des victimes: adolescents du 1er secondaire, minces, petits, timides, d'allure vulnérable; résidents d'un quartier défavorisé; étudiants dans une nouvelle école.

Lignes d'écoute pour les jeunes victimes de taxage: à Montréal *Zap*: 1-888-829-2430; sur la Rive-Sud : *Maison de jeunes Kekpart*: (450) 677-3821. Policier communautaire de ton quartier.

(Pierre Lescadre, coordonnateur du programme de sensibilisation aux drogues de la GRC)

Pour plusieurs jeunes, le taxage est le début de la criminalité. Lorsqu'on parle de taxage, on parle carrément de vol qualifié avec intention d'extorsion, d'intimidation et de harcèlement des gens. Et si personne ne dénonce les taxeurs, on ne peut établir leur identité, on ne va nulle part et le phénomène empire. Le jeune continuera d'être agressé et il sera encore et toujours taxé. Il essaiera peut-être de se protéger lui-même ou de se joindre à un autre groupe, et ce sera l'escalade de la violence. Quand on la sème, on la récolte.

C'est pourquoi je te recommande de dénoncer le taxage, d'informer immédiatement tes parents et tes profs. Si certains de tes amis se font taxer, incite-les à porter plainte, cela exercera une certaine pression sur les agresseurs. Il faut absolument oublier toute gêne et déposer une plainte contre les taxeurs pour que les policiers en soient avisés et que des démarches soient entreprises. Sans ça, je le répète, c'est l'escalade.

Si des agresseurs t'approchent, des jeunes qui veulent te taxer, ne panique pas et essaie de rencontrer quelqu'un qui, dans l'exercice de ses fonctions, possède une certaine crédibilité à ce niveau-là et peut t'épauler. Tu n'es pas toujours à l'école, et ça risque d'arriver ailleurs. Si les jeunes qui se font taxer se regroupent, s'ils dénoncent les taxeurs, eh bien, on se débarrassera une fois pour toutes du problème. Et n'aie aucune crainte de dénoncer, tu pourras recevoir une immunité et tu seras protégé. Il est sûr que nous ne dévoilerons pas aux taxeurs qui les ont dénoncés. Je peux t'en assurer, nous cacherons cette information et nous pourrons enfin intervenir.

24

Comment dois-je réagir face aux gangs de rue?

Conseils **de Manuel :**

Quand on parle de gangs de rue, on parle de bandes organisées de malfaiteurs. Bien évidemment le mot malfaiteur est synonyme de tout ce qui est hors-la-loi, illégal, défendu. Ces groupes de jeunes s'attribuent le monopole d'un quartier dans le but d'imposer leurs propres lois, grâce à l'intimidation. Cependant, ces jeunes viennent à la fois de milieux riches ou défavorisés, de familles monoparentales ou d'une cellule familiale dont les parents se soucient peu de leurs adolescents. Ils se laissent souvent entraîner car ils y trouvent un lien d'appartenance et se sentent valorisés mais ils s'enlisent pourtant dans la criminalité.

Témoignage

Gilbert, 15 ans :

Le groupe d'amis dont je fais partie depuis plusieurs années s'est transformé récemment en gang de rue. Un gars du groupe, un petit dur plutôt débile, est devenu le chef. Depuis quelque temps, il exerce un contrôle et il veut qu'on se mette à **voler, à extorquer les gens, à consommer, et à vendre toutes sortes de drogues.** Je m'étais attaché à ce groupe mais son orientation ne correspond pas du tout à ma façon de voir les choses. J'aimerais bien **pouvoir réagir face au chef du gang** mais je ne sais pas comment m'y prendre.

Il est totalement déconseillé de fréquenter ces gangs dont la plupart sont très violents. Les membres sont habituellement recrutés très jeunes, dès l'âge de 12 ans, et sont amenés à commettre des vols qualifiés dans les résidences, à receler les produits de multiples cambriolages. Ces gangs peuvent t'entraîner dans toutes sortes d'aventures qui risquent de se terminer devant les tribunaux puisque la plupart des actes commis par les gangs de rue sont illégaux. La vente de drogues, le transport d'armes, la prostitution, le recrutement dans les réseaux d'escortes ou des danseuses dans les bars, le vol à l'étalage, le vol d'autos, le taxage, voire même des règlements de compte ou des agressions font partie de leurs moeurs. De plus, ces gangs de rue sont très souvent dirigés par des jeunes qui sont affiliés à un groupe de motards pour le trafic des stupéfiants.

Pour prévenir les gangs de rue, il faut intervenir auprès des jeunes de 12 à 17 ans. *La Maison de jeunes Kekpart* subventionnée par les *ministères de la Santé et des Services sociaux* et *Emploi et Immigration* de concert avec les *Centres jeunesse* de la Montérégie cherchent à instaurer un programme de prévention de la violence, du taxage et de la toxicomanie auprès des jeunes et de leurs parents. Des travailleurs de rue se rendent donc dans les bars, le métro, les arcades, les parcs et essaient de libérer les jeunes. Ils offrent des ateliers pour revaloriser l'estime de soi des adolescents et aident les parents à prévenir ce phénomène chez leurs enfants.

Si un gang de rue cherche à te recruter ou si tu fais déjà partie d'un gang de rue et que tu veux en sortir parce que tu n'approuves pas ce qui s'y passe, je pense que tu devrais chercher de l'aide auprès d'un adulte en qui tu as confiance. Parles-en à la police communautaire, aux policiers éducateurs de ton école ; rencontre un psychologue, un travailleur social, discute avec tes parents car ces bandes organisées doivent être dénoncées. Si par contre tu veux toujours faire partie d'un gang de rue parce que

Témoignage
Cynthia, 16 ans :

Mon chum faisait partie d'un gang de rue quand je l'ai connu. J'ai discuté avec lui quelques jours après notre rencontre et il était déjà décidé à **quitter le gang.** Il voyait le fait de commencer à sortir avec moi comme une bonne façon de l'aider **à faire le grand pas.** On en a donc longuement parlé, je l'ai conseillé, il en a discuté avec ses parents, et nous sommes allés ensemble chercher de l'aide auprès de la police communautaire.

tu trouves ça « cool », informe-toi de leurs agissements et réfléchis-y à deux fois avant de t'embarquer. Il est possible que cela soit néfaste pour toi. Penses-y !

Témoignages
d'intervenants :

(Patricia Trudel, bachelière en travail social)

Le phénomène des gangs prend racine dans le besoin des gens de se regrouper entre semblables. Se rassemblent souvent des individus de la même origine ethnique, de la même organisation criminelle. Et qui dit gang, dit différences d'opinions et, malheureusement, confrontations entre groupes. Ça peut se rendre très loin tout ça, jusqu'à la criminalité, la violence, les tueries...

À ton école, dans ton quartier, il existe peut-être des gangs qui recrutent de plus en plus de jeunes, car le nombre de supporteurs est un signe réel de la force du gang. Tu es peut-être en ce moment même sollicité ou même harcelé par un gang qui cherche à t'avoir comme membre ? Pose-toi des questions : Est-ce que tu te sens bien dans les valeurs du gang ? Est-ce que la peur motive ton choix d'y adhérer ? Imagine toute l'énergie négative qui se dégage de certains groupes ; cette énergie ne pourrait-elle pas être dirigée vers quelque chose de plus positif ?

Si qui que ce soit veut te faire du mal, veut t'influencer, ou même te forcer à faire des choses, il est essentiel d'en aviser des gens susceptibles de t'aider. Réagir et dénoncer, ça fait partie des solutions.

(Pierre Lescadre, coordonnateur du programme de sensibilisation aux drogues de la GRC)

Surtout ne t'affole pas et essaie de trouver quelqu'un de fiable le plus vite possible : que ce soit un chauffeur d'autobus, un chauffeur de taxi, un commerçant ou, en mettant les choses au pire, compose le 911 si tu as un téléphone à portée de la main. Pourquoi faire partie d'un gang ? Pourquoi rester dans un gang ? Mais d'abord, qu'est-ce qu'un gang de rue ? Est-ce un gang criminalisé ? Il en existe de toutes les races et de toutes les sortes. C'est cette prise de conscience que je veux amener les jeunes à faire, et qu'ils se rendent compte jusqu'où ça peut aller.

Tel gang de rue de la région de Montréal, dont la moyenne d'âge est de 14 ans, est-il dirigé par un gars de 27 ans du Texas ? ou bien le chef de ce gang est-il un homme de 32 ans de Boucherville ? Il ne faut pas oublier que ce leader donne aux jeunes une identité, il les valorise, il leur donne un sentiment d'appartenance, et les jeunes aiment ça. Car il ne faut pas se leurrer dans tout ça, il faut parler ici de communication, de valorisation, d'échange, et des relations parents-enfants. Il existe des raisons pour lesquelles les jeunes sont attirés par les gangs de rue.

Il faut s'intéresser de près à ce phénomène des gangs de rue car certains sont très dangereux, plus encore que certains gangs du grand crime organisé. Certains membres de gangs ont martyrisé d'autres jeunes et ont effectué des actes abominables, c'est incroyable ! Il faut vraiment comprendre quels sont les facteurs déterminants qui incitent les jeunes à se joindre à un gang de rue et qui font qu'ils y restent. Puis ensuite, il faut évaluer globalement la situation et trouver des stratégies pour prévenir l'adhésion à ce genre de gang, et combattre leurs activités.

25

Qu'est-ce que le racisme et comment le prévenir?

Greg, 14 ans :

Je suis un **jeune Haïtien** constamment **victime de racisme**. À l'école, j'ai beaucoup de difficulté à me faire des amis. Les gens hésitent à venir me parler à cause des **préjugés raciaux** et que **je suis de race noire**. Je ne sais pas ce qu'ils imaginent mais je trouve ça très pénible. **J'aime mon pays d'adoption** et j'ai le goût de me faire des amis ici. Je voudrais **être traité comme tout le monde** et non comme un **« nègre »**.

Conseils
de Manuel :

Le racisme consiste à adopter une attitude hostile, malveillante, et désagréable à l'égard d'une race ou d'un groupe déterminé de personnes. Par exemple, quelqu'un qui dit ne pas aimer les Noirs et qui les déteste tous sans exception, sans même les connaître, a un comportement raciste. On ne devrait jamais juger quelqu'un par la couleur de sa peau, par ses origines ou par ses croyances. Il faut donner une chance égale à tout le monde de se faire connaître, de faire ses preuves. Si jamais tu es victime de racisme, ignore-les. Si tu connais une personne victime de racisme, réconforte-la. Si tu rencontres quelqu'un aux comportements racistes, dénonce-le. Ou dis-lui de façon convenable : « Je pense sincèrement que ce que tu viens de dire est déplacé. Pourquoi affirmes-tu cela à propos de cette personne ? C'est quelqu'un de très bien ! Je la connais, attends donc de la connaître avant de dire n'importe quoi. »

Si tu adoptes toi-même des attitudes racistes, je crois que tu aurais avantage à changer ton comportement. Avoir une attitude aussi fermée face aux autres n'a pas sa place dans la société. Dresse la liste de tes idoles et tu seras fort surpris de constater leur nationalité. Dis-toi qu'il y a du bon en chaque être humain quelle que soit sa couleur. Apprends leurs coutumes, leurs traditions. Ouvre ton esprit, tu découvriras des choses passionnantes. Il faut s'unir pour contrer le racisme.

Mais si ça devient trop lourd à porter, n'hésite pas à en parler à tes parents ou encore à une personne-ressource de ton école en qui tu as confiance. *La Ligue des Noirs* est un organisme qui pourra sûrement bien te conseiller. Explique-leur que tu as été victime de comportements racistes de la part de tel ou tel individu afin que ce dernier soit rencontré et questionné relativement à sa conduite et à ses agissements.

Témoignages d'intervenants :

ᕘ **(Sylvain Turgeon, psychothérapeute et préventionniste)**

Afin de prévenir le racisme et pour mieux comprendre ce que les gens d'autres pays, races ou ethnies vivent quand ils arrivent au Canada, je te suggère de faire l'exercice suivant pour voir quels sont les sentiments ou les malaises qu'ils ressentent quand ils débarquent ici. Essaie de t'imaginer en train de passer trois semaines au milieu d'une

Témoignage
Magalie, 15 ans :

Au début, mon groupe d'amis ne voulait pas du tout inviter Sarah, une jeune Arabe, à nos parties. Pourtant, elle est **super gentille**, je m'entends à merveille avec elle, on rit beaucoup ensemble. Bien sûr, on n'a pas nécessairement les mêmes valeurs, mais **vive la différence** ! Tu découvres ainsi de **nouveaux horizons**, tu assimiles des notions qui t'étaient inconnues, et **tu t'ouvres sur le monde**. J'ai finalement convaincu mon groupe de l'inviter à une soirée et c'est à l'occasion de cette fête que les autres ont appris à la connaître. Ce fut pour eux une **sorte de révélation**. À présent, elle fait partie de nos amis et ceux et celles qui entretenaient des préjugés à son égard **ont radicalement changé d'opinion**. Il ne faut jamais juger une personne d'après son apparence ou sa race. Je suis bien heureuse d'avoir convaincu mes amis de **recevoir Sarah au sein de notre groupe**.

autre ethnie, sachant très bien que tu n'es pas nécessairement apprécié ou bien accueilli dans certains milieux de cette ville. Tente de te débrouiller même si tu ne parles pas la langue des gens que tu rencontres dans cette ville inconnue. Où demeureras-tu dans ces conditions ? Sauras-tu te faire comprendre ?

Tu constateras que les gens te regardent bizarrement, ils se demanderont quelle langue tu parles, ils vérifieront ton allocution. C'est alors que tu comprendras peut-être à quel point une nouvelle adaptation en terre étrangère est extrêmement difficile, et pourquoi les nouveaux arrivants sont enclins à se renfermer sur eux-mêmes. Si tu veux prévenir le racisme, vis cette expérience des plus révélatrices. Ou encore, discute avec des gens de différentes nationalités pour qu'ils t'expliquent comment ils se sont adaptés. De cette façon, tu comprendras ce qu'est le racisme. C'est une question de préjugés et d'ignorance. Il existe encore beaucoup trop de gens bornés qui ont d'ores et déjà décidé qu'ils ne veulent rien savoir des autres nationalités.

(Patricia Trudel, bachelière en travail social)

Le racisme est le fruit de la peur, de l'ignorance et de l'incompréhension des autres, de ces gens dont l'origine ethnique est différente de la nôtre. Le racisme provoque la haine et dirige l'énergie des gens vers du négatif et de nombreux préjugés. Les solutions résident dans la communication et le désir de comprendre les différences. Quand on y met du sien, il est surprenant de voir à quel point d'autres cultures peuvent enrichir la nôtre.

As-tu déjà participé à des fêtes culturelles, à des festivals de bouffe du monde entier ? Tu serais surpris de voir à quel point les modes et coutumes des autres teintent la nôtre. Pense à différents mets, à ta musique préférée...

(Pierre Lescadre, coordonnateur du programme de sensibilisation aux drogues de la GRC)

Le racisme, c'est de croire sa propre race supérieure aux autres. Afin de le prévenir, il serait vivement conseillé de bien se renseigner sur les autres ethnies et sur les autres races. Il existe une panoplie de choses très intéressantes à apprendre sur les autres peuples, ne serait-ce que leur histoire, leur culture, leurs us et coutumes, et tu pourrais en être fasciné. De plus, tu peux tellement mieux comprendre quelqu'un quand tu t'intéresses à la culture d'un être d'une autre race que la tienne. Et c'est très enrichissant car tu découvres des penseurs, des scientifiques, des grands hommes et des femmes célèbres.

Tu te rends compte aussi que certains peuples ou pays sont moins privilégiés que d'autres, certains sont très pauvres et ne possèdent même pas l'essentiel. Il faut s'informer, se renseigner, il faut voyager. Ce ne sont pas tous les jeunes qui ont le privilège de côtoyer des adultes, des parents, des gens qui les forment à vouloir apprendre des autres cultures. Trop souvent l'ignorance des parents est transmise aux jeunes par des préjugés. Ces jeunes vont grandir avec des notions erronées et ils vont haïr les autres races sans vraiment savoir pourquoi. Ils vont être intolérants, pensant détenir le monopole de la vérité, et on sait où l'intolérance nous mène : souvent à la guerre. Et c'est évidemment de l'ignorance car on se croit supérieur en ne sachant pourtant rien des autres, ou presque.

(Richard Desjardins, coordonnateur de la _Maison de jeunes Kekpart_)

Le racisme selon moi est un manque d'éducation, de culture, de connaissances, un manque d'ouverture sur le monde.

- Comment pouvons-nous arrêter le racisme ? Tout commence à la maison. Les parents ont un rôle important à jouer dans l'éducation de leurs jeunes pour que ces derniers acquièrent une meilleure connaissance des différentes cultures.

- L'école peut jouer un rôle important dans la prévention du racisme en organisant des ateliers ou des activités culturelles sur ce thème.

26

Comment éviter ou arrêter de fumer?

Conseils de Manuel :

(128) Fumer est sans contredit très dommageable pour la santé. Cela peut occasionner toutes sortes de maladies. L'usage du tabac est associé à 85 % des cancers des poumons, à 95 % des cancers de la gorge, à 85 % des cas d'emphysème pulmonaire et de bronchite chronique. Peu importe si tu fumes depuis longtemps ou depuis quelque temps, tu as toutes les raisons du monde d'arrêter.

Témoignage
Jean-Pierre, 15 ans :

Je fume depuis un an. J'ai commencé avec quelques amis **à force de les voir fumer**. Aujourd'hui, je **voudrais arrêter** mais je me rends compte que ce n'est **pas si facile que ça** d'y parvenir. **Comment y arriver** ?

Il existe plusieurs conséquences au fait de fumer. Plus on fume jeune, plus on se fragilise. Pourquoi les parents ne prendraient-ils pas le temps de s'interroger avec leurs adolescents sur les effets nocifs de la cigarette ? Ils sont nombreux. Être dans une pièce où l'on fume beaucoup irrite les yeux, le nez, la gorge, certains en ont des nausées, des maux de tête. Pour le fumeur, cela lui donne une mauvaise haleine, ses doigts jaunissent, un manque de nicotine l'impatiente. Les symptômes d'allergies et d'asthme sont aussi accrus et provoquent souvent des maladies respiratoires chroniques.

Des scientifiques ont répertorié 4 000 substances toxiques dans la fumée du tabac dont les plus connues sont entre autres le goudron, l'arsenic, l'ammoniac, le plomb ou le monoxyde de carbone. Vous pourriez parents et adolescents en parler ensemble et réfléchir à la question. Pourquoi ne feriez-vous pas ensemble des recherches sur les maladies reliées au tabac, ce serait un facteur dissuasif, et vous seriez surpris de tout ce que vous découvririez. Parents, n'oubliez pas que si vous fumez, vos enfants trouveront peut-être que d'allumer une cigarette est un geste normal. Votre nouvel objectif pourrait être de vivre dans un foyer où personne ne fume. Prenez conscience ensemble de cette liberté de dire oui ou non à la cigarette. Grâce à ces réflexions, vous exprimerez sans doute ensemble votre volonté de respirer un air ambiant sans fumée.

Si tu envisages de commencer à fumer, ou si quelqu'un t'encourage à le faire comme cela se produit parfois, ne cède pas à la pression, et n'oublie pas tous les méfaits du tabac. Va consulter un professionnel de la santé ou bien l'infirmière de l'école. Téléphone dans un *CLSC* pour te rendre vraiment compte des méfaits de la cigarette sur la santé. Si tu n'es pas encore convaincu des ravages du tabac, renseigne-toi et tu en seras persuadé après coup, crois-moi sur parole!

Malheureusement, si tu fumes, plus tu attendras, plus il te sera difficile d'arrêter de fumer, mais il n'est jamais trop tard, le plus tôt sera le mieux. Tu as peut-être commencé à fumer dans un groupe pour faire comme les autres, pour te rapprocher de tes copains, de tes copines qui fumaient. N'entends-tu pas tous ces gens : «Si j'avais su, je n'aurais jamais commencé à fumer. Je sais que c'est une habitude extrêmement nocive pour ma santé et je regrette infiniment d'avoir emprunté cette voie.» Tous les fumeurs affirment qu'ils veulent arrêter un jour et, je le répète, le fait de fumer n'a rien de positif.

Témoignage

Mélanie, 14 ans :

J'ai fumé pendant trois ans mais j'ai dû arrêter de fumer car je **toussais continuellement**, **j'étais essoufflée** et je prenais vraiment conscience **des méfaits de la cigarette**. Ma meilleure amie voulait tout comme moi arrêter de fumer, nous sommes donc allées ensemble rencontrer l'infirmière de l'école car c'est la première personne à laquelle nous avons pensé. Elle nous a donné de bons conseils. Ce fut bien sûr difficile au début mais nous avons toutes les deux réussi à **arrêter de fumer.** Nous sommes encore aujourd'hui des **non-fumeuses, et nous en sommes bien fières**.

Témoignages
d'intervenants :

(Pierre Lescadre, coordonnateur du programme de sensibilisation aux drogues de la GRC)

Tu peux utiliser des moyens médicaux, faire beaucoup de sport et des exercices physiques; tu peux aussi surveiller ton alimentation car il s'agit pour toi de réorganiser ta vie. Quels seront tes passe-temps? Vas-tu mettre un peu plus l'accent sur ta condition physique? Évidemment, pour cesser de fumer, tu dois être convaincu de vouloir arrêter. Étant donné que la nicotine crée une extrême dépendance, ce n'est pas une mince tâche d'«écraser» pour de bon, car ton système manque de nicotine et tu en subis les contrecoups. Mais tu peux t'aider en prenant certains médicaments, ou en utilisant les «timbres», ou encore en employant certaines médecines douces. Tes amis peuvent t'encourager quand tes crises surviennent et s'empresser de te changer les idées. Quant à moi, je prône le conditionnement physique. Après avoir mangé, au lieu de fumer, va faire une promenade ou de la bicyclette. Mais vas-y de façon progressive.

(Société Canadienne du Cancer : Comment devenir un ex-fumeur et rester de bonne humeur)

N'importe qui peut arrêter de fumer. L'aspect le plus difficile, c'est de rester un non-fumeur. Beaucoup de gens cessent de fumer «des dizaines de fois», mais ils n'y parviennent pas car ils n'ont pas pris le temps ou suivi les phases nécessaires pour se préparer à un arrêt définitif. Il y a deux façons de cesser de fumer : arrêter d'un coup ou de façon progressive. La première chose à faire est de déterminer à l'avance quand tu cesseras. C'est une bonne idée de faire coïncider cette date avec un événement important, tel que ton anniversaire, le jour de l'An, ou le «mercredi sans tabac» qui a lieu en janvier, durant la Semaine nationale des non-fumeurs.

N'oublie pas de t'accorder suffisamment de temps pour te préparer au «Jour J». Il sera plus facile de te débarrasser de cette habitude si tu pratiques pendant quelques semaines au moins une des activités suivantes :

- fais une liste des raisons pour lesquelles tu veux cesser de fumer et apprends-les par coeur ;
- garde cette liste toujours avec toi et colle-la bien en vue sur ton babillard, dans ton miroir, ou sur ton bureau à l'école ;
- dis-toi que de cesser de fumer est un comportement positif que tu contrôles toi-même ;
- demande à ton chum, à ta blonde, à tes parents ou à un ami de cesser de fumer en même temps que toi ;
- fais-toi une liste des aspects agréables et désagréables de la cigarette ;
- détermine le nombre de cigarettes que tu fumeras aujourd'hui et garde seulement cette quantité avec toi ;
- fume la moitié de ta cigarette seulement ;
- achète un paquet de cigarettes à la fois ;
- chaque fois que tu es sur le point d'allumer une cigarette, regarde-toi dans le miroir. Tu n'en auras peut-être plus envie ;
- ne vide pas tes cendriers pour qu'ils te rappellent combien de cigarettes tu fumes et l'odeur affreuse des vieux mégots ;
- fais un pari avec un ami que vous serez capables d'arrêter de fumer le jour que vous aurez choisi ;
- améliore ta condition physique en commençant un programme modéré d'exercices, bois plus de liquides, prends plus de repos, et évite la fatigue ;
- décide de ne pas fumer dans certaines pièces comme par exemple ta chambre, le salon, la salle de jeux, ou ta pièce de travail ;
- réfléchis à la manière de remplacer le geste de prendre une cigarette par des activités gratifiantes et pratique-les ;
- rappelle-toi constamment les avantages et les récompenses que tu retirerais en tant qu'ex-fumeur.

Et quand tu auras réussi à arrêter de fumer, après avoir investi beaucoup de temps et d'efforts pour en arriver là, récompense-toi. Achète le jeu vidéo que tu désirais tant, le jean que tu souhaitais, fais n'importe quoi qui te procure du plaisir. Après tout, tu as fait un grand pas vers ta nouvelle vie de santé et tu le mérites bien. Félicitations ! Sois toujours alerte, cette vilaine habitude restera omniprésente mais ta volonté est encore plus forte.

27

Comment m'y prendre pour cesser de consommer de la drogue ou de l'alcool?

Témoignage
Geneviève, 15 ans :

Au début, j'ai voulu essayer de **prendre de l'alcool**, j'en avais le goût. Je buvais un peu dans les parties. Plus tard j'ai **fumé un joint** pour essayer. Par la suite, je fumais de plus en plus souvent **du haschisch**. Aujourd'hui, je ne peux m'en passer. Je fume et je bois tous les jours. Ma consommation **me coûte cher** sans compter que **ma santé se détériore**. Je n'ai aucune idée **où tout cela m'entraîne**. Je veux arrêter.

Conseils
de Manuel :

Dans la vie, on commence à prendre de l'alcool ou des drogues par curiosité, pour essayer. On a envie d'avoir l'air plus vieux, on se laisse influencer par notre groupe d'amis, on veut faire comme eux, découvrir de nouvelles sensations, et de nouveaux horizons. Si on aime l'effet de la drogue ou de l'alcool, on peut malheureusement en arriver à vivre une dépendance. Tu en prendras alors davantage, de plus en plus souvent, et à plus fortes doses. La drogue et l'alcool coûtent cher et pris en grandes quantités, ils peuvent te ruiner de même que ta santé et, dans certains cas, causer ta mort. L'idéal c'est de ne jamais en prendre ou d'en prendre avec modération.

Voici certains facteurs physiques, mentaux et sociaux qu'entraîne l'abus des drogues ou de l'alcool. Prends-en conscience. *Facteurs physiques:* les consommateurs excessifs de drogues et d'alcool sont limités dans leur coordination et sont plus sujets aux accidents et aux maladies. *Facteurs mentaux:* la drogue et l'alcool faussent leur jugement, leurs impressions et, à long terme, ils peuvent éprouver des difficultés d'apprentissage, des dépendances psychologiques, une mémoire défaillante et certains troubles de la personnalité, source de confusion. *Facteurs sociaux:* une surconsommation de drogues ou d'alcool envenime sérieusement les relations familiales et compromet la vie à l'école, au travail et à la maison. Pour pouvoir consommer, l'adolescent doit souvent recourir à des moyens illicites pour se payer ses consommations. Conséquences possibles : un casier judiciaire et un emprisonnement. De plus, il ne peut réagir adéquatement lors de situations décisives, il met alors en péril sa sécurité et celle des autres et compromet sa conduite automobile, ses performances ou ses résultats à un examen.

C'est souvent entre amis que les jeunes commencent leur malheureux épisode de consommation. Souvent, après quelques expériences, ils s'intéressent ensuite aux autres drogues «dures» pour avoir encore plus de sensations. Pour ceux qui y prennent vraiment goût, il y a un risque élevé de développer une toxicomanie avant la fin de leur adolescence. L'accoutumance du corps à l'absorption d'une drogue dure se fait rapidement. Sans elle, l'adolescent se sent terriblement mal, en manque. Si tu prends conscience que tu as un problème de consommation abusive, si tu te rends compte que tu as besoin de consommer régulièrement, tu as besoin d'aide pour t'en sortir. Dès que tu réaliseras que tu dois t'en sortir, tu pourras obtenir de l'aide auprès de tes parents, d'un professeur en qui tu as confiance, d'une psychologue, d'un travailleur social qui te dirigeront, si besoin est, vers des organismes spécialisés dans le domaine.

Il en existe plusieurs. Des intervenants du milieu te recommandent d'ailleurs ici plusieurs centres de désintoxication pour les drogues et l'alcool, dont les **Centres Jean Lapointe pour adolescents.** Tu trouveras ces adresses fort utiles en annexe, à la fin du livre. Bien entendu, si tu veux arrêter de consommer de la drogue ou de l'alcool, il te faudra cesser de fréquenter tes amis qui en consomment ou qui t'en vendent régulièrement, sinon ton sevrage sera trop difficile, voire même impossible. De toute façon, tu n'en sentiras pas vraiment le besoin puisque vos idées seront tellement différentes que tu te désintéresseras d'eux.

Témoignage
Lucien, 18 ans :

Moi, j'ai commencé graduellement, puis, sans m'en rendre compte **je suis devenu accro**, un véritable drogué. J'avais régulièrement besoin de fumer, de **prendre de la cocaïne** et de consommer **tout ce qui me tombait sous la main**. Je buvais beaucoup d'alcool, **j'étais soûl et «gelé» à longueur de journée.** J'éprouvais un **immense besoin d'évasion.** Grâce à un ami qui m'a dirigé vers des personnes-ressources pour m'aider à m'en sortir, j'ai d'abord réussi à suivre une **cure de désintoxication.** Cet ami **m'a vraiment secouru**... Je voulais m'en sortir, j'étais prêt à le faire, mais je lui dois une fière chandelle car tout seul je n'y serais sûrement jamais parvenu. Aujourd'hui ça va mieux! Je m'en suis finalement sorti grâce à la **cure de désintoxication** et à l'assistance de mon ami. Je recommande à ceux et celles qui liront ce témoignage de ne jamais commencer à consommer de la drogue ou de l'alcool, et je conseille à ceux et celles qui en prennent, et qui ont un problème, de suivre une cure ou de **prendre des mesures pour cesser leur consommation** le plus rapidement possible. Plus tu attendras, pire ce sera!

Témoignages
d'intervenants :

(Pierre Lescadre, coordonnateur du programme de sensibilisation aux drogues de la GRC)

Il faut de la volonté et il faut vraiment vouloir s'en sortir, tu dois être décidé. Au départ, pourquoi prends-tu de la drogue ou de l'alcool? Pourquoi en as-tu pris dans le passé? Comment tout cela a-t-il commencé? Était-ce par curiosité? T'es-tu rebellé? As-tu subi un énorme stress chez toi? à l'extérieur? Ton envie de consommer provient-elle d'un manque de confiance en toi? Recherchais-tu le plaisir? Voulais-tu faire comme les autres? à cause de l'ennui? pour la détente? pourquoi donc? Où en es-tu maintenant? Es-tu au fond du baril? As-tu eu peur de mourir ? As-tu vécu une expérience vraiment bouleversante ? As-tu eu un arrêt respiratoire ? T'es-tu retrouvé à l'urgence ? As-tu fait une surdose ? Si tu vis cette situation et que je te rencontre, c'est le genre de questions que je vais te poser. Je vais te parler bien franchement et ouvertement.

Si tu veux t'en sortir, il faut que tu te renseignes. Je vais t'aider à exprimer tes valeurs, à formuler ce que tu traverses en ce moment. Quelle drogue consommes-tu ? As-tu tout essayé sur le marché ? Depuis combien de temps consommes-tu ? Où en es-tu dans ta consommation ? C'est important de le savoir car ce sera peut-être d'autant plus difficile d'arrêter. Si tu me dis que tu prends du PCP ou de l'acide, il va falloir que tu changes d'amis, que tu changes d'entourage, que tu mettes de l'ordre dans ta vie, que tu ailles rencontrer quelqu'un de confiance.

Il faudra aussi un suivi, un profil, un bilan dressé par des professionnels, pour que tu sois bien entouré, supporté, encouragé. Tu auras peut-être besoin d'être dans un centre de réadaptation et peut-être même, au moment où on se parle, d'aller en cure de désintoxication. Je pense à plusieurs maisons ou centres : *le pavillon du Nouveau Point de vue, les Centres Jean Lapointe pour Adolescent(e)s, le Portage, le Centre Dollard Cormier (Altertanives, Domrémy, Préfontaine),* etc. Il faut savoir où tu en es et dresser ce profil-là d'abord et avant tout.

Et à partir de là, on ne te lâchera pas. C'est sûr qu'au niveau social, tu vas devoir faire des efforts, tu auras énormément de gestes à poser, plusieurs changements à apporter dans ta vie pour ne pas que tu tombes de nouveau dans la même mélasse. Sinon ce serait un peu comme de dire : « Lave-toi, mets des vêtements propres, puis retourne dans la boue mais ne te salis pas. » Si tu veux vraiment t'en sortir, plusieurs personnes peuvent t'aider. Si tu as confiance en moi, je vais te diriger vers des personnes en mesure de t'aider à cesser de consommer de l'alcool ou de la drogue. Même si tu as vécu ton sevrage, ça ne s'arrête pas là. Il va falloir aller un peu plus en profondeur pour voir quelle direction tu veux donner à ta vie.

(Les Centres Jean Lapointe pour Adolescent(e)s)

Vous pouvez aider un(e) adolescent(e) à faire les premiers pas et à entreprendre une démarche importante aujourd'hui. Il ne s'agit pas de lui demander de tout changer mais seulement de poser un geste d'amour envers lui-même et de s'ouvrir les yeux à une dimension nouvelle qui viendra chasser les brumes douloureuses de son passé et de sa consommation.

Notre programme est destiné aux adolescent(e)s et à leur famille. Nous y mettons beaucoup d'amour, de douceur et de compréhension. Nos différents services s'adressent à l'adolescent(e), à sa famille et à la communauté. Ils regroupent des programmes de thérapie interne, de suivi post-cure et d'aide à la famille. Nous croyons qu'une personne vivant des difficultés avec les drogues et ou l'alcool, développe différentes problématiques qui se manifestent dans tous les domaines de sa vie.

Le programme de thérapie interne pour les adolescents est d'une durée de séjour de huit semaines. Le séjour comprend des activités thérapeutiques axées sur les besoins de chaque adolescent(e). Nous offrons un cadre clinique d'intervention individuelle, de groupe et familiale. Notre service interne est doté d'une programmation diversifiée favorisant l'expérimentation des succès et la perception positive de l'individu. Nous offrons aussi un programme scolaire individualisé.

(Jean-Marie Lapointe, porte-parole des Centres Jean Lapointe pour Adolescent(e)s)

Tout a commencé il y a quelques années : *Le téléthon Jean Lapointe* depuis sa création s'occupait avant tout des personnes souffrant de problèmes d'alcoolisme ou de toxicomanie et ne ciblait pas nécessairement la clientèle des jeunes en particulier ; le téléthon s'adressait à la population en général. Le premier **Centre Jean Lapointe pour Adolescent(e)s** a vu le jour en 1992 à Québec ; c'était le tout premier centre qui offrait des services entièrement gratuits pour les jeunes : une thérapie de deux mois et un suivi pendant un an. Ensuite, ce fut l'ouverture d'un centre pour adolescents à Montréal. À partir de ce moment-là, la mission du téléthon fut de recueillir des fonds pour continuer d'offrir ces services gratuits. Puis, l'idée d'une coanimation avec mon père a jailli ; mon père représentant la génération des adultes et moi celle des jeunes. L'idée a fait son chemin et on m'a proposé cette coanimation. J'ai tout de suite accepté. Comme je venais de suivre des cours en animation pour devenir animateur à la télévision, je trouvais que ça ne pouvait pas mieux tomber. Au cours de cette même période de ma carrière, j'ai commencé aussi à faire des émissions de télé pour les jeunes : *Les 100 watts* et *Écoute-moi*. Tout cela se complétait super bien. Voilà comment a commencé ma participation aux centres pour adolescents.

J'y ai rencontré des jeunes qui, avec beaucoup de courage et de détermination, décidaient de faire face à leurs démons et à leurs graves problèmes. Oui, des jeunes de 12 à 18 ans qui ont des problèmes de toxicomanie il y en a plus qu'on pense ; il y en avait aussi qui traînaient avec eux un passé passablement difficile, plutôt lourd. Certains avaient fait de la prostitution, des tentatives de suicide et provenaient de familles complètement éclatées, et ce n'était pas évident pour eux de se réinsérer ensuite dans la société. Quant à moi, j'ai éprouvé beaucoup de respect et d'amour pour ces jeunes qui décidaient de jouer le tout pour le tout, qui se donnaient une chance. Et ils y prenaient vraiment goût, ils s'accordaient pour une fois une vraie chance. Et ça, ça m'a donné un bon coup de pied dans le derrière : ce fut pour moi une source de motivation, dans ma vie personnelle aussi, de voir ces jeunes-là se prendre en mains. En lisant sur la maladie et sur les jeunes, et en m'intéressant de plus en plus à ce qu'ils vivent, à leur réalité, eh bien, ma réponse est venue naturellement quand on m'a demandé d'être le porte-parole des **Centres Jean Lapointe pour Adolescent(e)s**. J'ai dit oui car je me sentais prêt et je trouvais la mission intéressante.

28

Comment dépister les comportements suicidaires?

Conseils
de Manuel :

Malheureusement, beaucoup de gens vivent avec ce sentiment. Le Québec a le plus haut taux de suicide chez les jeunes Canadiens,

Témoignage
Maxime, 16 ans :

Je fréquente une polyvalente, je suis en 5e secondaire. Un matin, mon ami s'est mis à nous **révéler de drôles de choses**. Il s'est mis à nous dire qu'il nous aimait, qu'il avait eu beaucoup de plaisir avec nous, et qu'il **se rappellerait toujours de nous**. Il a même donné 25 $ à un de mes amis en lui disant : «Garde cet argent, c'est un cadeau que je te fais. T'as toujours été mon meilleur ami.» Puis, il nous confia qu'il allait **faire un grand voyage**, qu'il **partait pour longtemps**... Nous ne comprenions vraiment pas les raisons de son comportement. Un certain matin, nous avons tous été stupéfaits et bouleversés d'apprendre qu'il avait fait une tentative de suicide.

Heureusement, il **n'est pas mort**. Il avait tenté de s'enlever la vie en avalant toutes sortes de pilules ; **on l'a découvert juste à temps**. Nous n'avions jamais imaginé une seule seconde que nous aurions pu interpréter ses gestes ou ses paroles comme des appels à l'aide, ou un cri d'alarme. Nous n'en revenions tout simplement pas, mais nous avons beaucoup appris de cette tragique expérience.

et il est au premier rang en ce qui a trait aux pays industrialisés. Quelle tristesse, quel chagrin intérieur! Cependant, quand on est en présence d'un être dont le comportement est suicidaire, la première déduction à faire c'est qu'il veut surtout arrêter de souffrir. Son désir de suicide correspond à une immense détresse intérieure. Qu'est-ce qui occasionne ce genre de détresse et qui amène quelqu'un à vouloir se suicider? L'isolement, les problèmes qui s'accumulent, le manque de confiance en soi et d'estime de soi sont souvent les grands responsables. Lentement, insidieusement, la personne en vient à envisager le suicide comme l'ultime solution pour cesser de souffrir et avoir enfin la paix intérieure. Voici un exemple concret : semaine après semaine, un étudiant a de mauvaises notes à l'école. Il essaie d'étudier davantage pour améliorer ses notes, peine perdue ça ne marche pas. Puis, un autre problème vient s'ajouter à l'ensemble, un problème familial, une dispute avec ses parents et, en prime, sa blonde le laisse tomber.

Dans son esprit, tous ces problèmes deviennent disproportionnés et, s'il n'en parle à personne, s'il ne se confie pas et qu'il s'isole face à tous ses problèmes – un jour ou l'autre il finira par se dire : «*Je vais arrêter tout ça, je vais me tuer, je vais quitter ce monde, je vais arrêter de souffrir parce que ma souffrance est intolérable*». Plus les problèmes s'entassent, plus la souffrance grandit, et plus le suicide lui apparaît comme la seule solution. Bien des gens qui ont pris la décision de se suicider semblent soulagés quelques jours avant de mettre leur projet à exécution car ils ont enfin déterminé l'heure, le lieu, et la façon de s'y prendre. Leur comportement change brusquement : ils semblent soudain tout heureux, souriants, libérés. Tout cela peut s'avérer trompeur.

La plupart du temps, ceux et celles qui adoptent de tels comportements en manifestent certains signes. En général, une personne aux idées suicidaires qui songe à faire une tentative de suicide fournira des indications, nous lancera des appels à l'aide directs ou indirects qui ne sont pas toujours faciles à déceler, mais qui sont tout de même détectables. Voici un exemple d'appel indirect à l'aide : la personne te donnera ce genre de réplique lors d'une conversation : «Ah, de toute façon, vous n'entendrez plus parler de moi bientôt. Ah oui, vous allez voir, je vais partir.» La personne va également poser certains gestes : elle va donner des biens, son manteau, sa bicyclette en affirmant le plus sérieusement du monde : «Tiens, je n'en ai plus besoin». Elle offrira des cadeaux de grande valeur, des choses surprenantes. Elle dira : «Tiens, toi, tu me devais 50 $, laisse tomber, oublie cette dette».

Il existe également des signes directs, c'est le meilleur moyen de déceler que quelque chose ne va pas. Ces gens te diront carrément : « Là, je suis écoeuré, ça va mal, je crois que je vais m'enlever la vie, je veux mourir le plus vite possible, je ne veux plus rien savoir, je veux quitter pour de bon cette maudite planète. » Dans pareil cas, il est toujours plus facile de détecter un suicide imminent. Mais pour dépister des comportements suicidaires, il faut avant tout être à l'écoute de nos amis, des gens près de nous qui nous tiennent à coeur, et être en mesure de déceler tout changement, si petit et si subtil soit-il, dans leur comportement, et ne pas hésiter à poser les bonnes questions : « Est-ce que ça va mal ? As-tu de gros problèmes ? » Il faut même aller plus loin comme le conseillent les organismes de prévention du suicide et poser franchement la question : « Veux-tu mourir ? Envisages-tu de t'enlever la vie ? »

Témoignages d'intervenants :

(Yannick Arsenault, Suicide-Action Montréal)

Tout d'abord, une personne suicidaire veut avant tout tuer sa souffrance et non sa vie. Certaines choses la font terriblement souffrir et minent son existence à tel point qu'elle ne soupçonne guère trouver d'autres solutions à ses difficultés, même s'il en existe pourtant toujours d'autres. Comme cette personne ne va pas bien, plusieurs signes devraient attirer notre attention. Elle peut : s'isoler, donner des objets qu'elle affectionne, être plus triste ou irritable ; être plus agressive et adopter une attitude offensante ou de rejet pour les gens qu'elle aime. Il se peut également qu'elle ne ressente plus d'intérêt pour les choses qu'elle aimait avant.

Elle dira des phrases du genre : « Je ne vous embêterai plus » ou « je ne serai plus là », ou encore « j'ai trouvé la solution » ; elle écrira dans ses travaux, dans son journal intime ou dans son agenda des messages d'appels à l'aide, comme par exemple : « La vie me pèse, je souffre. Qu'est-ce que la vie ? la mort ? » ; elle formulera aussi des phrases plus directes du genre : « J'ai envie de mourir, je vais me tuer, le suicide est la seule solution qui me reste ».

Il faut faire attention à celui ou celle qui joue le rôle du bouffon. Une personne qui fait constamment des farces ne va pas nécessairement

Renée et Laurence :

Nous sommes trois grandes amies depuis quatre ans. L'année dernière, nous avons vécu **quelque chose de très difficile** quand notre amie Valérie nous a confié que tout allait mal pour elle : son chum venait de la laisser, ses **parents ne la comprenaient pas**, elle se disputait continuellement avec ses frères et sœurs, et à l'école ses notes n'étaient **pas trop reluisantes**. Elle était **complètement écoeurée** de tout et nous disait vouloir se suicider. « Je ne crois pas que la vie soit assez intéressante pour que j'aie envie de la découvrir. Ça sera un **soulagement pour tout le monde**. **Plus personne ne me fera mal.**» Nous étions étonnées de l'entendre parler ainsi car Valérie était toujours le genre de fille enjouée, de bonne humeur. C'est elle qui d'habitude nous remontait le moral, nous écoutait, nous donnait des conseils et nous aidait à régler nos problèmes.

Nous étions malgré tout soulagées qu'elle nous ait confié ses problèmes au lieu de les garder pour elle toute seule et de poser un **geste irréparable** sans même nous avertir. Puis, nous nous sommes réunies ensemble et nous **avons parlé longuement**. Nous ne connaissions pas toutes les ressources disponibles pour **contrer les tentatives de suicide**. Nous n'étions peut-être pas assez mûres ou expérimentées pour pouvoir vraiment l'aider à s'en sortir complètement, toutefois, avec son accord et de concert avec elle, nous sommes allées voir la travailleuse sociale de l'école qui l'a dirigée vers l'organisme *SAM (Suicide-Action Montréal)*.

141

Ces professionnels lui ont donné quelques moyens et des techniques éprouvées pour s'en sortir. Et finalement, grâce à cette intervention de professionnels, notre amie Valérie va bien aujourd'hui. Elle a réussi à s'en sortir et nous sommes demeurées toutes les trois les **meilleures amies du monde**. Si jamais quelqu'un d'autre de notre entourage connaît un jour ce genre de problème, nous pourrons désormais l'aider car nous savons maintenant **quoi faire pour y remédier**.

bien. Il faut toujours prendre au sérieux les plaisanteries sur la mort et le suicide, et vérifier si ce n'est pas une façon d'appeler à l'aide. Si une personne se met à mieux se porter soudainement, sans même avoir demandé de l'aide, malgré ses pensées suicidaires des jours précédents, il faut se méfier de ce rétablissement subit. Il est possible qu'elle ait pris la décision de se tuer et qu'elle vive un certain soulagement.

(Patricia Trudel, bachelière en travail social)

La vie est bourrée d'épreuves et d'obstacles. C'est en les défiant qu'on grandit et qu'on s'équipe d'outils pour affronter le monde. Cependant, ces obstacles peuvent parfois sembler insurmontables et certaines personnes se sentent battues d'avance. On dit qu'un adolescent sur quatre aura un jour ou l'autre des idées noires, c'est donc plus courant qu'on pense.

Une personne qui commence à penser au suicide ne le formulera pas nécessairement, mais les signes de découragement peuvent être détectés : le moral à plat, une perte d'appétit, la tendance à s'isoler, à se réfugier dans le sommeil...

À un certain stade, une personne peut en venir à jeter des objets qui normalement lui tiennent à coeur ou encore se mettre à les donner à son entourage. Elle se remonte le moral souvent en croyant avoir enfin trouver la seule solution souhaitable : le suicide. Quand on détecte ces comportements, il faut poser des questions franches et directes, ne pas passer par quatre chemins, et surtout ne pas faire la morale : « As-tu parfois le goût de mourir ? As-tu déjà pensé passer à l'acte. As-tu des plans ou une date précise en tête ? » Il faut écouter les réponses et faire preuve d'empathie.

En fait, les gens qui pensent à se tuer sont surtout épuisés de souffrir. Ils ont besoin qu'on les écoute. Si des propositions de solutions à leurs problèmes ou à leur mal de vivre leur sont présentées, ils peuvent en venir à vouloir les essayer. C'est pourquoi il existe de nombreuses lignes d'écoute et des organismes de tous genres pour venir en aide aux gens suicidaires. Incite-les à les appeler. Si la menace du suicide se présente, il ne faut pas hésiter à agir. Sois alerte et familiarise-toi davantage avec les signes précurseurs.

(Pierre Lescadre, coordonnateur du programme de sensibilisation aux drogues de la GRC)

Naturellement, il faut prêter attention aux messages de détresse des autres. C'est complexe, car cela s'exprime par étapes. Tu vois quelqu'un à l'air triste, quelqu'un de découragé, qui s'emporte, qui est agressif, qui subit plusieurs sautes d'humeur, ou qui est complètement inerte. Ses comportements sont en dents de scie, et c'est étrange. Il se débarrasse soudain de choses auxquelles il tenait beaucoup auparavant, il annonce sa mort, te dit qu'il y pense. Il faut être vigilant et alerte pour observer tous ces signes.

Voici l'image que je te propose pour vulgariser la situation. D'abord l'être désespéré tente de régler ses problèmes, fait le tour de la situation et ne trouve pas de solutions. Quand quelqu'un commence à avoir des pensées suicidaires, c'est comme si une petite lumière s'allumait à intervalles saccadés et, petit à petit, elle s'allume à intervalles plus réguliers, plus rapides, plus rapprochés. Puis, quand la lumière devient plus constante, sa décision est prise. Il cherche quand même une solution, il souffre, il veut que cette souffrance cesse. Puis, oups! la petite lumière s'arrête de clignoter, il n'entrevoit pas de solutions de rechange au bout du tunnel, tout compte fait, le suicide représente la seule solution pour lui.

Certains vécus, certains événements sont si lourds à porter, si pénibles, si tristes, qu'ils peuvent amener une personne déséquilibrée sur le plan émotif à commettre un geste impulsif de suicide. Parfois cela survient sans crier gare et on est les premiers surpris. Si quelqu'un tente de se suicider, il faut comprendre qu'il est tenaillé par un grave problème et que c'est un pressant appel à l'aide. Il faut absolument lui faire obtenir des services professionnels, ça presse!

Comment aider une amie ou un ami aux prises avec des idées suicidaires?

Conseils de Manuel :

À partir du moment où on perçoit des comportements suicidaires chez quelqu'un, il faut aborder la question de front. Quand on a des raisons de soupçonner qu'un ami ou un proche envisage de mettre fin à ses jours, il faut lui en parler directement. On se dit souvent : *«Je ne peux pas lui demander carrément : "Veux-tu mourir?" C'est bien trop embarrassant.»* Au contraire, il le faut sinon il aura tendance à se défiler s'il ne veut pas se confier, et nous n'obtenons pas de réponse à notre question. Il ne faut pas avoir peur des mots dans de telles circonstances. Si la personne pense vraiment mettre fin à ses jours, ta question la forcera à te répondre par oui ou par non. Si elle te répond non, dis-lui : «Si tu éprouves le besoin de te confier, n'hésite surtout pas à m'en parler».

Un être qui envisage de mettre fin à ses jours est parfaitement conscient de l'importance de son geste. Il se dit : *«C'est affreux, je veux mourir, je pense à me tuer, je me sens incapable de le dire à quelqu'un car ils vont me trouver fou et insupportable, ils vont vouloir m'interner.»* À partir du moment où tu poses la bonne question à cet individu suicidaire, tu peux devenir son allié pour briser son isolement. C'est la première étape pour aider quelqu'un aux prises avec des idées suicidaires. Tu lui as fourni la possibilité d'établir le contact avec toi par ta question sans détour : «Veux-tu mourir», et par ta compréhension du contexte verbal d'un être suicidaire. Demande-lui ensuite : «Écoute, j'aimerais ça qu'on en parle. Dis-moi ce qui ne va pas, parle-moi de tes problèmes. Tu vas voir, il existe des solutions.»

Ton intervention doit être très positive, constructive, mais en même temps tu ne peux pas tout régler toi-même. Tu dois lui dire : «Écoute-moi bien, on va s'asseoir ensemble et on va dresser deux listes : une liste de gestes à poser, de démarches à faire pour t'en sortir, et une liste de personnes à contacter qui vont t'aider.» Dis-lui aussi : «Préfères-tu te confier à tes parents, à un prof ou à des amis ? Puis ensuite tu lui diras : «D'accord, tu as des problèmes, tu t'engueules à propos de tout et de rien. On va prendre les moyens pour que tu en parles avec tes parents et que ce problème se règle. Tu éprouves des difficultés dans telle matière, tel professeur t'écoeure à l'école, vous ne vous entendez pas, on peut faire quelque chose.» Voilà des gestes concrets pour l'aider à s'en sortir.

Tu ne peux pas prendre toute la responsabilité sur tes épaules, mais sois assidu dans ton suivi auprès de lui, du début à la fin. Dirige-le doucement vers des personnes-ressources, des organismes comme *Carrefour Intervention Suicide, la Fondation J.E.V.I, Au bout du fil, Tel-Aide, Détresse suicide,* ou *Comité de prévention du suicide,* entre autres. Fais-lui sentir que tu l'épaules et que tu es toujours là, avant, pendant et après la thérapie pour l'aider à

Témoignage
Charles, 15 ans :

Je suis en 4e secondaire dans une polyvalente où il y a eu **deux suicides l'an dernier**. Cela a causé **un grand émoi** dans toute l'école. Tous les étudiants étaient consternés et ont été touchés par ces **tragiques événements.** Afin de mieux réagir face à de tels **drames humains**, la polyvalente s'est associée à un organisme qui forme des étudiants en prévention-intervention suicide en milieu scolaire. J'ai reçu cette formation et je fais maintenant partie d'un de ces groupes de la polyvalente.

Nous **pouvons intervenir** quand des amis intimes ou d'autres jeunes de l'école lancent des appels à l'aide directs ou indirects, ou adoptent des comportements suicidaires. Nous sommes beaucoup plus aptes **à déceler de tels agissements**, à faire de notre mieux pour leur apporter de l'aide, et à **les diriger ensuite** vers les bonnes personnes-ressources afin **de limiter les dégâts**, et faire en sorte que personne d'autre n'essaie de nouveau de mettre fin à ses jours dans notre école. Je trouve **cet organisme sensationnel** !

145

se réintégrer, à reprendre goût à la vie. Ce n'est surtout pas le moment de dire : «Je l'ai confié à des spécialistes, je ne m'en occupe plus, je m'en lave les mains.» Tu vas toujours rester pour lui une personne-ressource, et plus que jamais il doit sentir que tu es près de lui et que tu vas continuer de l'aider même s'il est présentement entre les mains de spécialistes. N'oublie jamais ceci.

Témoignage
Charlotte, 14 ans :

Mon amie Michelle a fait une **tentative de suicide**. Certains intervenants de l'école lui ont recommandé d'aller rencontrer les spécialistes d'un **organisme de prévention-intervention suicide**. J'y suis allée avec elle. Les spécialistes savent quoi dire et quoi faire pour que la personne suicidaire ne tente à nouveau de **mettre fin à ses jours**. Michelle a beaucoup réfléchi depuis. Sa thérapie est presque terminée et elle va beaucoup mieux. Chose certaine, elle n'hésiterait pas une seconde à retourner voir ces spécialistes si jamais elle avait d'autres idées suicidaires. Ils ne te traitent pas comme quelqu'un de **marginal ou d'anormal**; ils sont là pour t'aider car ils connaissent à fond ton problème et ils sont par conséquent les **mieux placés pour te guider** et t'aider à t'en sortir.

Témoignage
d'une intervenante :
(Yannick Arsenault, Suicide-Action Montréal)

Un des réflexes les plus fréquents lors d'une telle situation, c'est de vouloir changer les idées de notre ami et de ne pas lui souffler mot de ses idées suicidaires, de peur d'aggraver les choses. Quand quelqu'un pense au suicide, il ne suffit pas d'essayer de le divertir pour qu'il n'y pense plus. Il a besoin d'aide pour régler ses problèmes qui le font souffrir au point d'envisager le suicide.

Alors si tu as des raisons de croire qu'un de tes amis ou une de tes amies pense peut-être au suicide, demande-lui directement s'il songe à se tuer. C'est une question difficile à poser, je sais, mais c'est la seule façon d'avoir l'heure juste quant à ses véritables intentions. S'il te dit oui, vérifie avec lui s'il a choisi un moyen, lequel? et à quel moment il prévoit se suicider? Demande-lui ensuite ce qui se passe dans sa vie pour qu'il ait si mal. **Écoute-le, mais ne le juge pas.** Une chose pénible pour certains ne l'est pas nécessairement pour d'autres.

Si ton ami se met à pleurer, ne t'en fais pas, il ne va pas plus mal ; au contraire, ça lui fait du bien. Ensuite, aide-le à trouver un adulte qu'il aime et à qui il peut en parler. S'il ne trouve personne, va voir avec lui un intervenant de l'école, un professeur ou un autre adulte que tu estimes assez pour lui faire confiance. Il faut absolument que tu transmettes à cette personne-ressource cette information cruciale : « Mon ami veut se tuer, de telle façon, tel jour. » **C'est très important de ne pas garder ce genre de secret.** C'est d'une vie dont il est question ici.

Alors, même si ton ami ne veut pas que tu en parles, tu ne peux pas garder cette lourde confidence rien que pour toi. C'est trop gros, trop grave. Il vaut mieux que ton ami se fâche contre toi plutôt que d'apprendre sa tentative de suicide ou sa mort un jour prochain.

Tu vivras certainement toutes sortes de sentiments contradictoires, tu seras tour à tour mal à l'aise, inquiet, triste, ou en colère face à ton ami qui pense au suicide. Tu auras besoin d'aide et de support toi aussi pour apprendre à composer avec cette situation-là. Parles-en avec une personne en qui tu as pleine confiance. C'est important.

30

Mon ami s'est suicidé. Comment faire face à cette mort?

Conseils de Manuel :

Comment faire face au suicide d'un ami ou d'un proche parent? Chose certaine, tu auras besoin d'aide car un tas d'émotions contradictoires et angoissantes vont t'envahir. Si ton frère, ta soeur, un ami ou un parent s'est suicidé, ne reste pas seul à porter ce fardeau, tu ne pourras jamais t'en sortir. Parles-en, va rencontrer des personnes-ressources, fais appel à des organismes qui font de la prévention et de l'intervention dans le domaine du suicide. Tu en trouveras un large éventail en annexe de ce livre. J'aimerais souligner que ces organismes peuvent intervenir non seulement auprès des gens qui ont des

Témoignage

Éric, 15 ans :

Je suis en 4e secondaire et l'année dernière mon ami Paul s'est suicidé. Ce fut une **période très éprouvante** car il nous a manifesté son intention mais je n'ai rien décelé à ce moment-là. Il nous disait être écoeuré, qu'il n'en pouvait plus, qu'il en avait assez de vivre mais dans notre groupe d'amis on n'a pas fait attention. Je me sens très coupable car j'aurais pu l'aider si j'avais su détecter **ses appels à l'aide**. J'ai beaucoup de difficulté à l'accepter. J'y pense tous les jours. Je sais bien que ce n'est pas de ma faute si Paul s'est suicidé, mais je m'en veux quand même de n'avoir rien fait.

idées suicidaires mais aussi auprès des personnes touchées de près par un suicide.

Si un de tes proches se suicide, il ne faut pas te sentir coupable. Tu ne peux être tenu responsable de la vie et de la mort des personnes suicidaires. Si elle se refuse à parler de son problème, si elle rejette ton aide et demeure dans sa bulle, tu n'es pas responsable de son choix. Les professionnels d'un *Centre d'écoute téléphonique et de prévention du suicide* t'aideront à vivre ton deuil lors du suicide d'un proche.

Prends conscience de cette mort. Tires-en une leçon. Résigne-toi à être privé de cet être cher et apprends à composer avec cette mort abrupte et soudaine. Bien sûr, ton esprit se refuse à accepter une telle mort, mais il faut finalement consentir à la disparition de l'être cher et apprendre à vivre avec cette nouvelle réalité. Ta vie en sera transformée pour toujours, mais elle continue et elle doit continuer sinon tu ne pourras vivre normalement. Je te conseille aussi de suivre un cours de prévention-intervention suicide afin d'être apte, à l'avenir, à déceler les comportements suicidaires et faire ainsi de la prévention pour qu'un tel geste désespéré ne se présente à nouveau dans ton entourage.

Quand un être cher se suicide, c'est une expérience traumatisante pour ses proches. Chacun se demande pourquoi, chacun voudrait comprendre. On a l'impression qu'une réponse nous aiderait à accepter davantage cette mort et que cela mettrait un peu de baume sur nos plaies. La seule personne qui détenait cette réponse n'est plus. C'est pourquoi il ne sert à rien de s'en tenir personnellement responsable.

Témoignages
d'intervenants :

(Yannick Arsenault, Suicide-Action Montréal)

Perdre un ami à la suite d'un suicide, c'est vivre un bouleversement intense où tout s'entremêle. Au début, on est sous le choc. On n'y croit pas, c'est comme un cauchemar. On peut réagir par des cris ou des pleurs, ou avec indifférence, comme si on ne ressentait rien, et c'est normal.

Par la suite, on passe par toute une gamme d'émotions. Tantôt on est en colère contre tout le monde, tantôt on en veut à la personne qui s'est tuée. On peut aussi se sentir coupable et se dire : « Si j'avais fait ou dit telle chose, ça ne serait pas arrivé. » C'est une réaction tout à fait normale et il est important d'en parler. On a aussi de la peine, on s'ennuie de cette personne, on voudrait la revoir. On a mal. Puis, peu à peu, on recommence à se sentir mieux, mais il faut du temps.

Après une période de répit, sans qu'on s'y attende, des sentiments de tristesse, de colère et de culpabilité nous remontent dans la gorge, nous envahissent de nouveau. Cela aussi c'est normal. Une musique, une parole, une odeur ravivent le souvenir de cette personne et nous revivons toutes sortes d'émotions.

Les premières semaines après le suicide, il arrive aussi qu'on réagisse «physiquement» : maux de tête et de ventre ; difficultés à dormir ou sommeil trop prolongé ; perte d'appétit ou l'inverse ; sentiment de tension physique, nervosité ; grande fatigue, épuisement, etc.

Pendant un certain temps, il te sera peut-être plus difficile de te concentrer, d'être attentif à l'école. C'est normal. Tu pourras aussi faire des cauchemars, avoir peur de dormir seul, être terrifié dans le noir ou craindre de revoir la personne décédée. C'est absolument compréhensible, et il se peut même que tu aies peur de faire comme elle, de te suicider. **Parles-en.** Si l'idée de te tuer te revient souvent dans la tête, ne reste pas prisonnier de telles pensées, va en parler. Car même si tes réactions sont tout à fait normales, il est nécessaire que tu recoures à de l'aide.

Quand on vit un deuil, il est extrêmement important d'avoir des gens avec qui en parler aussi souvent que tu le désires, et d'essayer de maintenir des activités qui te font plaisir. Si tu es inquiet, n'hésite pas à faire appel à une personne-ressource de ton école aussitôt que tu en ressens le besoin.

(Richard Godon, praticien en métaphysique)

On est d'abord complètement désemparé d'apprendre une telle nouvelle surtout quand nos liens avec la personne étaient particulièrement étroits. On reste figé tout en se disant que tout être humain jouit de la liberté, de sa propre volonté. Chacun fait ses choix et qui dit

Témoignage

Gaston et Rollande, parents :

Notre fille Julie s'est suicidée à l'âge de 16 ans. Son geste nous a plongés tous les deux dans une **longue période infernale**. Cela a d'ailleurs entraîné des **problèmes quasi insurmontables** dans notre relation de couple au point où nous avons dû consulter. Nous avons même **songé sérieusement à divorcer**. **L'atmosphère était épouvantable** car nous nous accusions mutuellement de n'avoir rien fait, de n'avoir pu l'aider. Notre attitude inflexible a dégénéré en véritable querelle de couple.

Après des mois de consultation et de thérapie, nous sommes parvenus à reconnaître notre impuissance face au suicide de notre fille et à ne pas **rejeter éternellement le blâme** l'un sur l'autre. Il nous a fallu apprendre à vivre avec cette réalité que nous ne pouvions pas changer, et comprendre que nous ne connaîtrions jamais les **vraies raisons** qui avaient poussé notre fille à se suicider. Mais l'important était de continuer à vivre. Nous aurions pu choisir nous aussi de nous enlever la vie, mais nous avons préféré poursuivre notre existence. Il nous fallait donc acquérir les moyens de **réapprendre à vivre** et de retrouver une certaine **quiétude intérieure**. Aujourd'hui, nous conseillons volontiers aux gens d'aller consulter des professionnels s'ils se trouvent dans une **pareille situation** car cela a **vraiment été salutaire** pour Rollande et moi.

151

choix dit compromis. Mais dans le cas d'un suicide, il s'agit du compromis extrême. Le désespoir remporte alors sa victoire sur l'espérance d'un mieux-vivre car la personne qui va s'enlever la vie acquiert alors la certitude qu'il n'y a plus d'issue pour elle.

L'an passé, quand ma grande amie Andrée nous a quittés, je ne comprenais pas pourquoi elle avait choisi le suicide comme ultime réponse à la vie. Cette solution était devenue sa seule porte de sortie. Elle était coincée dans un système qu'elle n'arrivait plus du tout à gérer. Elle était terriblement malheureuse à force de subir le poids d'une vie lourde et amère depuis des années. Son geste m'a profondément chagriné et j'ai dû faire un effort gigantesque pour arriver à comprendre ce drame brutal.

J'ai fait du ménage pendant trois jours à la maison pour essayer d'effacer cette dure réalité. Puis j'ai vécu l'absence, le trou. C'est là que le deuil commence. J'avais atrocément mal et cette douleur était tout à fait humaine. Quand j'ai assisté à ses funérailles, lugubres à mes yeux, je me souviens très bien de la décharge émotionnelle qui se dégageait de son entourage. Je me suis réfugié auprès de sa mère pour parler de notre chère disparue. Cet échange humain, ce partage, nous a été bénéfique à tous deux.

Il est important de pouvoir parler avec des proches, de ce choix, de la froide réalité du suicide, de ce départ soudain et volontaire afin de l'évacuer, de se l'extirper du coeur et de l'âme. Car qu'on le veuille ou non, ceux qui restent doivent un jour ou l'autre accepter qu'un être cher ait posé ce geste. J'ai remercié Andrée pour tout ce qu'elle avait été dans ma vie, et même si je suis extrêmement attristé de son départ si brusque, j'imagine qu'elle est allée vers une Lumière où elle est désormais plus sereine.

La santé

31

Que puis-je faire si j'ai des problèmes d'anorexie ou de boulimie?

Conseils de Manuel :

La boulimie selon le dictionnaire est le besoin irrépressible de manger accompagnant certains troubles physiques ou mentaux. L'anorexie est une perte ou une diminution de l'appétit, ou un refus de s'alimenter, lié à un état mental particulier. Ce sont des comportements très dangereux qui peuvent avoir sur l'organisme humain des conséquences très graves, allant même dans certains cas extrêmes jusqu'à la mort. Oui, on peut mourir d'anorexie et plusieurs cas vécus sont malheureusement là pour en témoigner.

Témoignage

Nadia, 15 ans :

Ma meilleure amie **ne mange plus depuis des semaines** parce qu'elle se trouve trop grosse. Elle a peut-être **deux kilos en trop**. J'ai **extrêmement peur** qu'elle soit devenue anorexique ; je voudrais l'aider mais elle ne veut rien savoir. Elle dit qu'elle n'a pas de problèmes mais elle **passe son temps à se comparer aux autres filles**. Chaque fois, elle cesse de manger. **Ça m'inquiète** !

Si tu es encline à de tels comportements, ou si tu connais une amie atteinte d'anorexie et de boulimie, n'hésite pas une seule seconde à chercher de l'aide auprès de spécialistes, à condition bien sûr que tu veuilles vraiment t'en sortir et elle aussi. En général, les êtres atteints de boulimie ou d'anorexie sont malheureux et veulent voir le bout du tunnel. Chose certaine, tu ne pourras pas y parvenir seule. Dans un premier temps, parles-en à tes parents si tu t'en sens capable, sinon parles-en à l'infirmière de l'école ou rends-toi dans un **CLSC**. Ces gens-là te feront rencontrer un psychologue ou te dirigeront vers la *Clinique des Adolescents de l'hôpital Sainte-Justine,* où oeuvrent le docteur Jean Walkins et son équipe. Cette clinique traite entre autres des adolescentes ou des adolescents victimes de troubles alimentaires tels que l'anorexie ou la boulimie. Ces maladies-là peuvent avoir des répercussions physiques très graves. Ne tarde donc pas à consulter

Témoignages
d'intervenantes :

 **(Marie-Paule Gaudreau, infirmière bachelière)** **(Clinique des Adolescents de l'hôpital Sainte-Justine)**

D'abord, essayons de comprendre un peu ce qu'est l'anorexie mentale : c'est une maladie en quatre phases, telles que décrite dans le dernier article du docteur Jean Wilkins, paru dans le *Clinicien,* mai 1998.

Témoignage
Carole, 17 ans :

Moi je ne mangeais presque plus, **c'en était maladif**. Parfois, j'absorbais des quantités normales de nourriture et ensuite, j'allais **me faire vomir** à la salle de bains. C'est incroyable, je ne voulais pas garder d'aliments à l'intérieur de moi. J'avais une obsession : **avoir le ventre plat**, être mince. J'étais d'ailleurs bien au-dessous de mon **poids santé**, j'étais beaucoup trop maigre. Toute ma vie était orientée en fonction de la nourriture. C'est alors que je suis allée voir la psychologue de l'école. Celle-ci **m'a dirigée vers une clinique spécialisée** et j'y suis allée avec mes parents. La psychologue de l'école, les infirmières de la Clinique, le médecin traitant, mes parents, **tous m'ont soutenue au cours de cette épreuve**. Aujourd'hui je vais mieux et je pense qu'il ne faut pas attendre avant d'aider quelqu'un qu'on soupçonne d'être anorexique.

155

1. À la première phase de l'anorexie, c'est le temps actif de la maladie. L'adolescente décide qu'elle veut maigrir. Pour ce faire, elle restreint considérablement son alimentation et en même temps, elle se met à faire de plus en plus d'exercices physiques, et ce, jusqu'à l'obsession pour dépenser de l'énergie. Par exemple, elle peut monter et descendre sans arrêt les escaliers chez elle. Les parents exacerbés s'inquiètent, se sentent impuissants, et vivent un réel désarroi. Ils ne savent vraiment plus quoi faire. De plus, l'adolescente cherche à exercer un certain contrôle sur tout, et notamment sur la cuisine. Elle prépare à manger pour tout le monde dans la maison, même des desserts copieux, mais très souvent elle n'avalera rien de ce qu'elle aura préparé. Elle perdra alors de 10 % à 40 % de son poids initial. Elle traversera une telle phase pendant deux à six mois.

2. Au cours de la seconde phase, elle vivra une stagnation au niveau de son poids. Elle peut garder le même poids avec ce même régime pendant des mois voire même des années. Elle résistera à ceux qui voudront l'amener à abandonner ce contrôle sur son poids et sur son corps. À cette étape, l'anorexie lui procure un confort moral, elle est maintenant quelqu'un. Dans cette phase, elle a le plein contrôle sur elle-même et sur son entourage.

3. Par la suite, à la troisième étape de la maladie, c'est le temps de la reprise pondérale. L'adolescente commence à avoir faim et se met à manger. Elle perd le contrôle qu'elle avait acquis à travers son trouble alimentaire et, par le fait même, est dépossédée de son identité. Ensuite, viennent des fringales et des crises de boulimie, et elle mange démesurément. C'est une période très difficile pour elle puisqu'en perdant le contrôle, elle se met à reprendre du poids. Elle en éprouve une grande tristesse et peut entretenir des idées suicidaires car, à cette étape-là, elle est complètement désespérée. Toutes ses années d'efforts sont en train de s'effondrer. Les intervenants vont tenter à ce moment-là de la diriger davantage vers d'autres ressources plus spécialisées tels des psychologues ou des psychiatres.

4. Vient ensuite le temps de l'«après-anorexie». C'est une période de remise en question où la réflexion de l'adolescente s'intensifiera : «Qu'est-ce qui m'a amené là?» C'est sûr qu'à travers toutes ces étapes, nous, à titre d'intervenants, on essaiera de lui faire prendre

conscience, lors d'entrevues, des raisons pour lesquelles elle est devenue anorexique et/ou boulimique.

Quand une adolescente appelle à la clinique pour un problème de boulimie ou d'anorexie, elle nous est souvent envoyée par un médecin, une infirmière d'école, des intervenants, ou des travailleurs sociaux. Chose certaine, elle vient souvent contre son gré à une première visite et elle en est mécontente. Mais elle s'y contraint car l'anorexie est une maladie de filles super gentilles, réussissant toujours très bien à l'école, des filles presque parfaites. Leurs parents déconcertés décrivent d'ailleurs leurs filles dans ce sens : «Nous n'avons jamais eu de problèmes avec notre fille, c'est la première fois qu'une telle chose nous arrive, nous ne savons plus quoi faire ? »

Si l'adolescente n'a pas le goût que ses parents sachent qu'elle se fait vomir ou qu'elle prend des laxatifs, on la respecte, on ne trahit pas sa confiance. On sait très bien qu'à l'adolescence, on a droit à notre intimité, on ne veut pas nécessairement tout dire à nos parents. L'essentiel est qu'elle revienne nous voir car il est extrêmement important pour nous, comme intervenants, de garder sa confiance pour pouvoir l'aider. Plusieurs facteurs amènent à l'anorexie, on compare souvent cette maladie avec l'alcoolisme.

Si quelqu'un a besoin de se renfermer dans une bulle à un moment donné pour ne plus voir le monde autour de lui, c'est qu'il éprouve un véritable problème. On cherche à comprendre pourquoi la jeune fille veut régresser à ce point : elle était menstruée normalement, elle ne l'est plus ; elle s'isole, elle ne veut plus voir ses amies car ces dernières l'énervent à force de l'épier et à toujours vouloir savoir pourquoi elle refuse de manger. Pourtant, il n'est pas normal de s'isoler de ses amies à l'adolescence car à cet âge nos amies sont habituellement le centre de notre vie.

En cours de traitement à l'hôpital Sainte-Justine, on lui fera voir le film produit par la Fondation de l'hôpital, intitulé *Ma jolie prison* où des filles anorexiques cheminent vers la guérison. Cela s'avère très encourageant. À la clinique, on surveille de près l'état de santé de l'adolescente, ses signes vitaux : sa tension artérielle et son rythme cardiaque. On accompagne les adolescentes dans leur maladie, on les écoute, on essaie de les aider de notre mieux. En fait, 96 % des jeunes filles viennent fidèlement à leurs rendez-vous car elles ne se sentent pas jugées. La première visite est déterminante. Il est important qu'elles sachent qu'il existe des ressources pour elles.

(Patricia Trudel, bachelière en travail social)

L'anorexie et la boulimie sont étroitement reliées. Ce sont des troubles d'ordre mental qui peuvent être soignés. Il existe entre autres un programme touchant directement ces déséquilibres de l'alimentation à l'**hôpital Douglas de Montréal.** L'anorexie et la boulimie prennent racine dans un manque d'estime de soi, un besoin d'amour, une préoccupation maladive de plaire, de se dépasser...

L'obsession de la minceur est souvent influencée par la mode, le «look» des mannequins de magazines, les pressions de la société en ce qui a trait à la minceur et à la jeunesse. Cependant, il faut se rappeler que génétiquement parlant, on ne peut pas tous être filiformes. Chaque corps est conçu différemment, la masse musculaire varie et la grosseur des os aussi.

Si tu te reconnais là-dedans, sache qu'il y a de l'espoir au bout du tunnel. C'est important. Va en parler à des intervenants sociaux, à ton école, à ton **CLSC**. Les conséquences de ces désordres peuvent être très graves sur la santé et peuvent mener à l'hospitalisation. Certaines personnes, en majorité des jeunes femmes, se rendent même jusqu'à la mort.

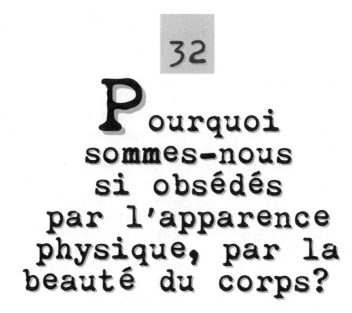

32

Pourquoi sommes-nous si obsédés par l'apparence physique, par la beauté du corps?

Conseils de Manuel :

La mode et ses mannequins souvent anorexiques que l'on voit partout dans les revues de mode, les vêtements de bonne coupe, le besoin de séduire, les stéréotypes de gars et de filles aux corps parfaits, je parle ici de ces modèles des magazines de mode et des revues pornographiques, de ces corps nus ou presque, que l'on examine quasiment à la loupe, de cette bouffe minceur : tout cela nous ramène à la seule et

Témoignage
Corinne, 14 ans :

Moi **je suis écoeurée**. J'en ai assez de ces gars qui **nous jugent seulement par notre corps**. Ces mêmes gars qui veulent absolument que leur blonde ait **des gros seins** et **une petite taille**, et qu'elle soit **taillée au couteau** comme dans les revues pornographiques qu'ils parcourent des yeux avec convoitise. C'est comme s'il n'y avait que l'apparence qui compte ! La personnalité de la fille et ce qu'elle a à dire ne pèse pas bien lourd dans la balance. Moi je **trouve cela ridicule** !

unique dimension du corps en cette fin de millénaire. Comme si tout passe par le corps de nos jours et que l'esprit est délaissé. Tu es belle, unique, même avec des kilos en trop. Il faut prendre soin de son corps mais sans dépasser certaines limites raisonnables au point de se rendre malade à cause de son apparence physique.

Il existe beaucoup d'autres maladies, à part l'anorexie et la boulimie, que les gens développent par crainte de ne pas avoir un corps parfait, pas seulement pour se plaire à eux-mêmes mais surtout pour plaire aux autres. Je pense ici à certaines filles qui ont l'impression de ne pouvoir séduire personne si elles n'ont pas une taille de guêpe, des gros seins et des fesses rondes. Tout cela en raison des critères de beauté imposés par tout ce que les revues véhiculent. Je crois fermement que la beauté du corps et l'apparence physique sont importantes mais notre être intérieur l'est encore davantage.

La personnalité de quelqu'un, son allure, son genre reflètent aussi cette beauté intérieure, il suffit d'être capable de la voir. On entend souvent dire : «Cette personne n'est peut-être pas une beauté, mais quel charme elle a!» Il faut le souligner : on ne peut pas dissocier la personnalité d'un être de son apparence physique, mais on ne doit pas s'arrêter exclusivement à son seul aspect physique car on risque d'être déçu plus d'une fois. Il faut vraiment prendre en considération les deux facettes d'une personne : son apparence et sa personnalité. C'est une question fondamentale. Ce qu'on ne voit pas est souvent très intéressant à découvrir.

Témoignage
Louis, 16 ans :

160

Avant, je ne voulais sortir qu'avec une fille **bien faite**. Dans mon groupe, dès qu'un gars avait une nouvelle petite amie, la première question qu'on lui posait était la suivante : «A-t-elle de gros seins et de belles fesses?» **Je me basais sur ces seuls critères** : l'essentiel pour moi était l'apparence physique, la beauté du corps.

Mais j'avais tort. J'ai rencontré une **fille formidable**, elle est un peu grassouillette mais j'ai compris que la personnalité est tout aussi importante, sinon davantage, que l'apparence physique. J'aime ma blonde, je respecte ses opinions, j'apprécie son **humour, et surtout on s'entend bien**. Un petit kilo en trop, ce n'est pas la fin du monde.

Témoignages
d'intervenantes :

(Johanne Langlois, psychologue)

L'adolescent vit beaucoup de métamorphoses lors du passage de l'enfance à l'adolescence, et son corps est appelé à changer totalement. Passer d'un corps d'enfant à un corps d'adulte est une adaptation sur laquelle on n'insiste pas suffisamment, mais qui est pourtant colossale. Ces changements engendrent une préoccupation centrée davantage sur le corps. C'est comme si l'adolescent était obligé de réapprivoiser son corps qu'il ne reconnaît plus, tellement il s'est transformé rapidement.

Au cours des étapes de son développement, plus précisément au début de l'adolescence, le jeune est orienté vers l'extérieur. C'est pourquoi l'apparence physique devient très importante car son identité est vraiment fondée sur ce qu'il ressent, et il cherche à se valoriser par son corps. Par exemple, il est important pour une jeune adolescente de sortir avec le plus beau gars de l'école. Puisque l'apparence physique lui donne une identité, une valeur, l'adolescent accorde de l'importance à cette conception de s'approprier son corps : il doit l'observer, l'arranger, le soigner, le laver, le maintenir en forme pour qu'il soit sain et beau.

Par conséquent, au début de l'adolescence, l'adolescent doit d'une part réapprivoiser son corps et d'autre part s'approprier son identité propre à travers son apparence physique qui lui donne sa valeur. L'adolescent absorbe les impressions, les rétroactions qu'il reçoit de l'extérieur et les intègre dans son for intérieur. Mais plus il se rapproche de ses 18 ans, plus son identité est intégrée, et plus l'adolescent se concentre sur son intériorité. Le changement le plus marquant de cette période est le suivant : au début, l'adolescent est axé sur le groupe, sur l'extérieur, mais plus il chemine vers l'âge adulte, plus il privilégie certaines amitiés. La notion de groupe ne prédomine plus autant dans la vie de l'adolescent, devenu jeune adulte. Il s'attardera plutôt sur des relations d'intimité où la profondeur commence à s'installer, où on ramène davantage les choses vers l'intérieur et où on intériorise notre identité. Il est bien certain que même tôt à l'adolescence, certains jeunes peuvent privilégier des relations d'intimité plutôt que des relations de groupe.

(Patricia Paquin, animatrice et comédienne)

Nous sommes obsédés par l'apparence physique, par la beauté du corps parce que l'on accorde beaucoup d'importance à l'image que la société de consommation et la mode nous renvoient. En ce qui a trait à l'apparence physique, la beauté du corps, il va sans dire que les magazines, les vidéos, les chanteuses, les mannequins, les comédiennes, contribuent largement à projeter une image quasi idéale du corps et on a l'impression que si on n'y correspond pas, on ne fait pas partie de la moyenne des femmes. On se sent souvent au-dessous de tout. Je peux très bien comprendre cela car je réagissais de la même façon quand j'étais adolescente. Je ne me trouvais pas assez grande, pas assez mince ; je n'étais pas grosse, c'est vrai, mais j'étais loin de ressembler aux critères esthétiques des personnages de films et aux vedettes de ma période d'adolescence. C'était l'époque de la mode disco.

162

C'est difficile aussi d'être à la hauteur de cette même image parce qu'on n'a pas nécessairement un énorme budget. On fait certaines trouvailles mais le plus souvent on s'offre des vêtements bon marché. Puis on commence à se maquiller mais c'est plus ou moins réussi au début. Même manège avec nos cheveux, on fait ce qu'on peut. C'est tout un art de s'occuper de soi-même, et avant d'établir nos goûts, de savoir ce qui nous va bien, de trouver les proportions, la coiffure, les vêtements qui nous conviennent, qui mettent notre corps en valeur, de choisir le style, les couleurs, il faut bien se connaître. On apprend petit à petit et ce n'est pas toujours évident ; on ne réussit pas à tous coups car on se découvre à peine. On se cherche un «look», une allure, et souvent on ne s'aime pas, on trouve qu'on ne cadre pas bien avec les images de beauté féminine ou masculine qu'on nous projette à coeur de jour dans différents médias.

La grande majorité des gens qui revoient leurs photos du bal des finissants se disent : «*Wow ! quel look j'avais !*» Au fond, quand je regarde mes photos d'adolescentes, je me rends compte que j'étais très mignonne, et je me fais la réflexion que c'est probablement l'époque de ma vie où j'aurai été la plus jolie. À l'adolescence, on déborde d'énergie, on est en santé, on se fait habituellement moins de soucis avec la vie, alors on rayonne, on est super jolie. Mais on ne se le dit pas assez entre nous car on ne se communique pas tellement ce genre d'observation à cet âge-là, et les gens autour de nous sont également avares de commentaires sur cet aspect-là. Mais en général on est ravissants à l'adolescence, à part le fait qu'on n'a pas confiance en nous. Donc, il faudrait se le dire à soi-même à quel point on est beau ou belle, puis foncer et avoir confiance en soi. Car comme je le dis, c'est souvent à l'adolescence qu'on est vraiment le plus «charmant» car on est jeune, on est frais, on est pétillant, et on regorge de jeunesse et de folie. Bien souvent, je pense qu'à cet âge on s'imagine bien pire qu'on l'est en réalité.

33

Comment bien s'alimenter?

de Manuel :

164 Bien s'alimenter est une habitude indispensable à adopter dès la plus tendre enfance, dès qu'on est en âge de recevoir des conseils sur l'alimentation. Accoutume-toi à manger des repas bien équilibrés, à des heures régulières, dans le but de jouir d'une bonne santé, de déborder d'énergie, d'être en forme, et de ne pas te retrouver plus tard avec des problèmes de poids, de diabète, ou de cholestérol, reliés à une mauvaise alimentation. Prends de bonnes habitudes alimentaires, apprends à connaître les groupes d'aliments de base, consulte les 4 groupes du *Guide alimentaire canadien* (produits céréaliers, légumes et fruits, produits laitiers, viandes et substituts) et tu verras que le fait de manger des chips et de boire des

Témoignage

Louis-Clément, 14 ans :

Moi, j'aime ça **manger des cochonneries**, c'en est quasiment dégoûtant. Les croustilles, les patates frites, la poutine, le fast-food, j'adore ça. Emmenez-en des hamburgers et des rondelles d'oignons. D'un autre côté, faut dire que je n'ai **pas une belle peau**, j'ai plein de boutons, l'acné m'envahit tout le visage. Bien des gens me disent que mon problème est relié à mon alimentation et que **si je m'alimentais plus sainement** tout irait mieux. Mais moi je n'aime que le fast-food et je n'ai **pas le temps de me faire des lunchs**.

boissons gazeuses aromatisées à longueur de journée est très mauvais pour la santé. Afin que tu puisses te concentrer davantage pendant tes cours, il est très important que tu fasses des activités physiques et que tu t'alimentes convenablement.

Notre corps ressemble beaucoup à ce que l'on mange. On le dit souvent et c'est vrai. Si tu te rends compte que tu as une mauvaise alimentation, va voir l'infirmière de ton école qui te dirigera vers d'autres spécialistes, si besoin est. Une nutritionniste pourra te donner des trucs, te dire quoi manger ou ne pas manger. Voici maintenant quelques suggestions de repas sains et équilibrés proposés par le *ministère de l'Agriculture, des Pêcheries et de l'Alimentation* qu'on peut confectionner à la maison dans le but de les utiliser dans notre boîte à lunch à l'école. Ces repas se composent à la fois de fruits et de légumes, de pain et de pâtes, de lait et de viande. Ils respectent les 4 groupes du *Guide alimentaire canadien*.

Menu 1: Salade de chou rouge, craquelin de blé entier, fromage, compote de pommes, jus de fruits.

Menu 2: Soupe aux légumes, pain complet, brochette fromage et fruits, lait 2 %.

Menu 3: Bâtonnets de céleri garnis de fromage fondu, pain aux raisins avec beurre d'arachide, yogourt à boire.

Menu 4: Radis, croissant jambon, fromage, laitue, croustade aux pommes, lait 2 %.

Menu 5: Bouquets de brocoli, quiche au jambon, muffin aux bleuets, lait 2 %.

Menu 6: Salade de laitue, macaroni à la viande, pouding au lait et au caramel, jus de fruits.

Menu 7: Salade de carottes, petits pains farcis à la dinde, cantaloup, yogourt à boire.

Menu 8: Boeuf aux légumes, biscuits à l'avoine, pomme, lait 2 %.

Menu 9: Riz aux légumes, morceaux de poulet, pain-gâteau, lait 2 %.

Menu 10: Rondelles de poivron, sandwich aux oeufs, compote de rhubarbe, lait 2 %.

Pour finir, j'aimerais dire un mot aussi au sujet de ces enfants, de ces jeunes qui n'ont pas la possibilité de bien s'alimenter. Je parle ici de ces enfants qui vivent dans la pauvreté et de ceux qui, bien qu'issus d'un milieu favorisé, sont laissés à eux-mêmes à bien des égards, incluant l'alimentation et la nutrition. Un organisme, le *Club des petits déjeuners*, s'occupe de fournir un repas, chaque matin, à ces enfants dans plusieurs écoles à travers la province. De nombreuses études démontrent l'importance du petit-déjeuner. Les jeunes qui sautent ce repas ont souvent plus de difficultés à résoudre des problèmes, à retenir et à utiliser de nouvelles informations et à se concentrer. Les experts sont unanimes : le petit-déjeuner est essentiel pour améliorer l'apprentissage, la créativité et la bonne forme physique chez les jeunes.

Témoignages
d'intervenants :

(Club des petits déjeuners du Québec)

Il y a de plus en plus d'enfants défavorisés à travers la province de Québec et la majorité d'entre eux ne bénéficient même pas du premier repas de la journée. La pauvreté est en général un très bon indicateur de l'échec scolaire, et plusieurs des enfants concernés risquent de se retrouver au rang des décrocheurs quelques années après le primaire. Le **Club des petits déjeuners du Québec** désire intervenir auprès de ces enfants de familles en difficulté afin de leur donner une chance égale de réussite, de briser le cercle de la pauvreté, et ce, en leur assurant des petits-déjeuners chauds et nutritifs basés sur le *Guide alimentaire canadien* dans un environnement sûr et accueillant. Le **Club des petits déjeuners du Québec** contribue ainsi à diminuer les retards en classe, à favoriser une meilleure concentration chez les enfants, à augmenter les performances scolaires et à réduire le taux d'échec scolaire et de décrochage. Il aide aussi l'enfant à développer des comportements sociaux acceptables basés sur des valeurs telles que : le partage, le pardon, la reconnaissance, le respect et l'entraide. L'organisme a servi plus de 300 000 petits-déjeuners cette année dans 17 écoles différentes du Québec.

(Nathalie Jobin MSC, nutritionniste-conseil, Enzyme communication)

Pour certains d'entre vous, l'adolescence est une période où les activités et les expérimentations de toutes sortes abondent tellement que l'alimentation prend bien peu d'importance. Pour d'autres, au contraire, l'alimentation occupe toute la place et c'est le début des diètes

Témoignage

Léonie, 16 ans :

Avant je m'alimentais très mal. Il m'arrivait souvent de manger **n'importe quoi à n'importe quelle heure.** Je buvais beaucoup de boissons gazeuses mais pas de lait. Je n'aimais pas les produits laitiers et cela avait des **répercussions dans ma vie quotidienne.** Cette manière de m'alimenter n'était pas tellement bonne pour ma santé. J'étais toujours fatiguée, j'avais de la **difficulté à me lever le matin**, à me concentrer à l'école, et à me rendre jusqu'au bout de la journée. De plus, j'étais très **souvent de mauvaise humeur.** Un jour, à l'occasion d'une prise de sang pour analyse, l'infirmière m'a parlé de la **bonne alimentation.** Elle m'a sensibilisée à des choses très élémentaires. Je ne connaissais pas le *Guide alimentaire canadien*, je n'étais pas au courant des 4 groupes d'aliments. Je ne savais pas qu'il suffit de petits détails pour bien s'alimenter et consommer chaque jour un minimum de fruits, de légumes, de produits laitiers, de pain, de céréales et de viande selon notre âge, notre taille, notre sexe et notre niveau d'activité. À présent, **je m'alimente mieux**, je ne dis pas que je mange toujours ce qu'il faut quand il le faudrait, mais je me nourris mieux qu'avant. Résultat : Je suis en bien meilleure forme. Le fait de me sentir bien dans ma peau m'a convaincue de continuer de bien m'alimenter : maintenant **j'éprouve du plaisir à bien manger.** J'espère que chacun découvrira rapidement cet univers qu'est la bonne alimentation. C'est un monde qui peut faire une **différence considérable dans votre vie** et transformer bien des choses.

167

à répétition. À première vue, ces situations extrêmes n'ont rien en commun, mais détrompez vous !!! La variété, l'imagination et le plaisir manquent au menu ! Pour devenir des adultes en santé et remplis d'énergie, il faut manger autre chose que des hamburgers, des frites et du chocolat, ou des carottes et de la salade. Votre croissance et votre santé passent nécessairement par une alimentation équilibrée.

Mais comment bien s'alimenter ? La première règle à suivre serait de s'accorder au moins 20 minutes pour manger un repas complet plutôt que de grignoter tout au long de la journée et d'avaler tout ce qui nous tombe sous la main. Ce n'est pas vraiment plus long et c'est tellement plus agréable de discuter avec des amis autour d'un bon repas ! N'oubliez pas : manger est un des plaisirs de la vie qu'il faut cultiver. À votre âge, on a envie de tout connaître, alors pourquoi ne pas en faire autant avec la bouffe ? Mangez des fruits et des légumes colorés tous les jours, faites entrer de l'exotisme dans votre assiette en y incorporant des aliments moins connus. Parmi vos alliés quotidiens, incluez, pour la santé de vos os, des produits laitiers de toutes sortes (lait, yogourt, fromage frais, pouding) et, pour le développement de vos muscles, des protéines (viande, volaille, poisson, fèves, lentilles, pois chiches...).

On a souvent tendance à négliger ces aliments dans notre alimentation par peur de trop grossir mais, bien au contraire, ces aliments, en plus de fournir de l'énergie, des vitamines et des minéraux essentiels à notre bon fonctionnement, nous procurent une plus grande satiété qui nous évite de grignoter n'importe quoi deux heures après le repas. Rappelez-vous qu'il n'y a pas de bons ou de mauvais aliments en tant que tels, c'est plutôt l'ensemble de votre diète qu'il faut regarder pour juger de sa qualité. Tous les aliments peuvent faire partie d'une alimentation équilibrée, il suffit de suivre quelques règles bien simples : prendre trois repas par jour et compléter au besoin avec des collations nutritives, varier le plus possible vos choix d'aliments et consommer chacun d'eux avec modération. En résumé : mange bon, mange bien, bouge et sois bien dans ta peau !

Pas besoin d'être «granola» pour se préoccuper de son alimentation, il suffit seulement d'être conscient de sa santé et de son corps !! Bon appétit...

 (Louise Lefebvre, coordonnatrice de l'ACFD, Alliance communautaire pour la formation et le développement)

Dans l'esprit du développement local durable, la mission de l'ACFD est de soutenir les organismes communautaires dans la mise en place et la consolidation de projets en sécurité alimentaire qui leur permettent d'agir plus efficacement sur les déterminants de la santé. La sécurité alimentaire, dans sa définition large, suppose que toute personne puisse, en tout temps et en toute dignité, s'assurer un approvisionnement alimentaire stable, de qualité culturellement acceptable, de prix abordable pour lui permettre de mener une vie saine et active. À l'opposé, l'insécurité alimentaire est vue comme une conséquence directe du manque de revenu et de l'exclusion du marché du travail.

Les services de dépannage alimentaire constituent une réponse d'urgence au problème de détresse alimentaire que de plus en plus de gens vivent dans des circonstances difficiles comme la perte d'un emploi, un handicap, etc. Les jeunes en vivent par conséquent les contrecoups. On découvre cependant que, quand des personnes s'engagent à participer à des cuisines collectives, des clubs d'achats, des jardins collectifs, des plateaux d'insertion à l'emploi et des projets de développement comme la coopérative de solidarité, c'est leur santé qu'elles prennent en mains.

Comment choisir un sport et des activités physiques qui me conviennent?

Conseils **de Manuel :**

Je crois que le sport et une bonne alimentation sont d'une grande importance si tu veux vivre en bonne santé et être bien dans ta peau. Il est primordial de faire du sport afin de conserver un poids idéal, d'avoir des relations sociales, de créer un esprit d'équipe dans certains cas et de garder notre organisme en bonne condition physique. Si on ne développe pas les muscles de notre corps par de l'exercice, si on ne s'entraîne pas, on risque un jour, en accomplissant certains mouvements, de se disloquer ou de se casser un membre, ou de se fouler une cheville parce que notre corps, nos muscles ne sont jamais échauffés ni entraînés à répéter certains mouvements. Cela exige cependant des efforts et une discipline rigoureuse, car on n'a

Témoignage

Marc-André, 14 ans :

Je n'aime pas faire du sport, **ça ne sert à rien à mon avis.** Je trouve ça **complètement dépourvu d'intérêt**. Je ne m'intéresse à aucun sport en particulier. Si jamais **je fais de l'embonpoint** quand je serai plus vieux, il sera toujours temps de me mettre **à faire du jogging** ou de la marche rapide pour rester en santé. Pour l'instant, **je suis en pleine forme**, je n'ai **pas besoin de faire du sport**.

pas toujours le goût de faire du sport. Mais quand on le pratique, l'important est d'avoir du plaisir.

Quand on est seul, on a parfois moins le goût de s'entraîner. C'est comme d'aller à l'école, étudier exige une forte discipline de l'esprit si on veut exceller et acquérir des connaissances. On n'a qu'un seul corps à notre disposition pour la durée de notre vie. Il faut apprendre à bien l'entretenir. On n'est pas toujours conscient de cette réalité en pleine adolescence, mais avec l'âge, entre 30 et 50 ans, on prend souvent conscience de l'importance et de l'avantage de pratiquer un sport. Cependant, il ne s'agit pas de faire n'importe quelles activités physiques ou n'importe quel sport, n'importe quand et n'importe comment. On doit se renseigner.

Pour mieux savoir quel sport pratiquer, pour connaître celui qui te convient le mieux, tu ne dois pas hésiter à consulter un des professeurs de gymnastique de ton école, ou encore à rencontrer quelqu'un qui travaille dans un centre d'entraînement physique. Ces professionnels savent comment orchestrer le développement méthodique du corps par des exercices appropriés et graduels. Ils te donneront de bons conseils et surtout te fourniront un programme d'entraînement adapté à tes besoins. On fait souvent l'erreur de s'imposer un programme d'entraînement trop exigeant : on s'inscrit dans un centre ou on pratique un sport, et on s'oblige à s'exercer

Témoignage
Jasmine, 16 ans :

Je fais partie de l'équipe de basket-ball de l'école depuis deux ans déjà. Je suis en 5e secondaire et je connais par expérience toute **l'importance de faire du sport**. Je me sens bien quand j'en fais et j'en retire une grande satisfaction. Le sport aide aussi certains de mes amis qui ont **des problèmes de poids** ou qui sont souvent fatigués. De plus, le sport favorise également les **rapports sociaux** car il nous fournit l'occasion de rencontrer des gens et de pratiquer des sports d'équipe. Le sport contribue non seulement à ton **bien-être physique** mais également à ton **bien-être psychologique** car il te permet de développer des relations sociales. Il y a moyen de prendre soin de son corps **tout en se divertissant**. Je suis persuadée que c'est possible car c'est ce que je vis actuellement.

trois ou quatre soirs semaine, on s'en met trop sur les épaules, et un jour, on abandonne. Il est donc préférable d'y aller à son propre rythme et de choisir un programme d'exercices ou un sport adapté à ses besoins pour éviter de tout laisser tomber en cours de route. Faire régulièrement du sport et des activités physiques qui te conviennent est une bonne habitude à prendre et à conserver toute ta vie.

Témoignages
d'intervenants :

(Hugo Valiante, conseiller en activités physiques chez Nautilus Plus)

Pour faire un bon choix, on doit d'abord se poser quelques questions et se fixer des objectifs raisonnables. Je pense que vous seriez d'accord avec moi si je vous disais qu'il est pratiquement impossible de jouer dans la ligne nationale de hockey si on n'a jamais chaussé de patins.

La première question à se poser consiste à s'interroger sur ce qui nous pousse à faire de l'exercice. Suis-je préoccupé par mon apparence ou intimidé par mes camarades ? Suis-je plutôt à la recherche d'activités physiques qui me permettront de rencontrer des amis ? Dans le premier cas, un programme de conditionnement physique personnalisé, qui correspond à vos besoins, pourrait peut-être vous permettre d'atteindre vos objectifs et vous procurer les mêmes bienfaits que si vous pratiquiez un sport. Dans le deuxième cas, la pratique d'un sport d'équipe serait beaucoup plus appropriée.

Une deuxième question que tu dois te poser consiste à bien cerner ta personnalité par rapport à ton choix d'activités physiques. Quel type de personne suis-je ? Vais-je me sentir bien en pratiquant un sport d'équipe ? Pratiquer un sport individuel me permettra-t-il de me réaliser davantage ? Une bonne réponse à ces questions est essentielle car certaines personnes réussissent très bien dans un sport d'équipe et sont incapables de s'épanouir dans un sport individuel.

En résumé, questionnez-vous sur votre personnalité et sur vos motivations, et faites le bon choix.

 **(Saska Jazzar, B.Sc.(nutrition) N.D.)**

Bouge!

C'est facile d'intégrer des activités physiques à ton emploi du temps. Rends-toi chez des amis à pied, au pas de course ou en vélo. Lorsque tu lis, que tu regardes la télé ou que tu fais des travaux scolaires, prends 10 minutes par heure pour faire de l'activité physique. Prends l'escalier au lieu de l'ascenseur ou de l'escalier mécanique. Essaie de faire au total trente minutes d'exercices par jour de cette façon.

Transpire

Les exercices intensifs, qui accélèrent la respiration et font transpirer, aident le coeur à mieux pomper, donnent de l'énergie et aident à paraître et à se sentir mieux. Commence par étirer tes muscles et inclus 20 minutes d'exercices d'aérobic comme la course, le jogging ou la danse. Passe ensuite aux exercices de renforcement telles que les tractions ou les poids. Pour récupérer, fais encore des étirements et respire profondément.

173

Participe aux activités physiques de l'école

Les activités structurées telles que les cours d'éducation physique et les autres activités physiques à l'école (comme les sports d'équipe) t'aideront à paraître et à te sentir bien, et à rester en forme.

Garde ta forme avec tes amis ou ta famille!

C'est beaucoup plus agréable de faire des activités ou d'être actif avec des amis ou des membres de la famille. Encourage les autres à se joindre à toi et planifiez, par exemple, une activité physique spéciale telle qu'une randonnée à bicyclette ou pédestre en groupe une fois par semaine. Choisis tes activités physiques ou tes sports selon la saison, bien entendu.

Joins l'utile à l'agréable!

Privilégie les activités physiques auxquelles tes amis et toi aimez vous adonner et mange sainement. Aie l'esprit d'aventure, essaie de nouveaux sports, des jeux originaux, des activités vivifiantes et nourris-toi bien. Non seulement tu prendras des forces, mais tu t'amuseras plus longtemps; tu te sentiras mieux et tu paraîtras mieux aussi. Donne-toi des objectifs réalistes, n'essaie pas de tout changer en même temps.

35

Comment acquérir et conserver la confiance en soi?

Conseils de Manuel :

La confiance en soi passe avant tout par l'estime de soi. On ne peut pas avoir confiance en soi sans s'estimer soi-même car ces deux valeurs sont étroitement liées. Si on ne s'aime pas, si on n'est pas fier de soi, si on n'a pas une bonne image de soi, il est très difficile d'avoir confiance en soi. Dans de telles conditions, tout ce qu'on entreprend risque alors de mal fonctionner car on entretient dès le départ une atmosphère négative autour de soi et face à ses capacités en se disant continuellement : *« Ah, je ne suis pas bon dans ce domaine, je ne réussirai pas, cela ne me sert à rien d'essayer. À quoi ça me servirait de lui demander de sortir avec moi car je sais très bien qu'elle va me répondre non ? Je ne vois pas l'utilité de m'efforcer à réussir cet examen, de toute façon, je vais échouer. »*

Témoignage
Isabelle, 15 ans :

Moi, je me trouve laide, je me trouve trop grosse et je suis **plutôt nulle** à l'école. Je n'ai pas vraiment d'amis et même ceux que j'ai me donnent l'impression de ne pas être bien avec moi. Ils **s'ennuient en ma compagnie** car j'ai de la difficulté à leur dire ce que je pense. C'est toujours les autres qui décident à ma place. Je **manque de caractère**, de **détermination** et **de volonté**. Je n'aime pas du tout être comme ça, je voudrais tellement changer.

Cette attitude est attribuable à un manque d'estime de soi qui entraîne un manque de confiance en soi. Pour acquérir ou encore conserver la confiance en soi, il faut s'estimer au départ. Il faut donc apprendre à s'estimer soi-même. Si tu ne t'estimes pas, certains spécialistes pourront t'aider à trouver des moyens d'y parvenir. Il faut que tu adoptes une attitude positive, il faut d'abord que tu t'aimes. Il faut que tu te dises que tu vas réussir malgré tes échecs antérieurs. La vie est composée de réussites et d'échecs, mais dis-toi que même les échecs nous enseignent des tas de choses. Tu dois apprendre à voir le côté positif des expériences que tu vis. Dans la vie tout ne fonctionne pas toujours comme on le voudrait, mais l'important c'est de persévérer. Quand on a un but, on s'engage à l'atteindre coûte que coûte.

Le chemin sera peut-être parsemé d'un peu plus d'embûches qu'on l'avait cru au départ, ça prendra vraisemblablement plus de temps, mais il faut se dire qu'on va y arriver, et il ne faut surtout pas lâcher, c'est très important. Répète-toi que tu vas réussir et atteindre ton but parce que tu t'estimes, tu t'aimes, tu es fier de toi, et tu as confiance en toi. Reste toi-même, conserve ta personnalité, et dis-toi qu'en toi-même tu as tout ce qu'il faut pour réussir. Tu n'as aucunement besoin d'imiter les autres et de faire comme eux car chacun, chacune de nous possède sa propre personnalité, sa propre identité. Sois fier de toi et tu seras bien dans ta peau car si tu t'acceptes comme tu es et si tu t'aimes toi-même, tu auras confiance en toi. L'estime de soi va vraiment de pair avec la confiance en soi.

Témoignage

Frédéric, 15 ans :

Je n'avais pas confiance en moi car je ne m'aimais pas. Je ne me trouvais pas beau, les **filles ne s'intéressaient pas à moi**. Je suis allé rencontrer le psychologue de l'école. Il a été très **aimable avec moi**. Il m'a appris à m'aimer, il m'a montré à m'accepter comme je suis, et il m'a fait comprendre que je n'avais **pas seulement des défauts mais aussi des qualités**, et que chaque être est **unique dans la vie**.

Le psy m'a aidé **à m'aimer, à m'accepter et à retrouver ma confiance en moi.** Maintenant que je m'aime et que je m'estime, **je n'ai plus peur de foncer**, de dire ce que je pense, de faire ce que je veux. Ce n'est pas toujours facile, je ne réussis pas tout le temps à 100 % mais j'arrive petit à petit à prendre ma place dans la vie **comme tout le monde**. Je suis bien content que le psychologue m'ait aidé et **je l'en remercie**.

Témoignage
d'une intervenante

(Johanne Langlois, psychologue)

D'abord, il faut peut-être comprendre comment la confiance en soi se développe car elle se cultive dès l'enfance. Quand l'enfant reçoit des encouragements et des rétroactions positives de ses parents, de son entourage, de ses profs à l'école : «T'es bon, t'es capable!», l'enfant intègre à la longue ces éléments positifs en lui-même et il en arrive à dire spontanément : «Je suis bon, je suis capable, je suis fier de moi.» Mais s'il n'a pas reçu ce genre de motivation et de réflexions positives à son sujet, l'enfant développera une attitude d'autocritique à son égard en disant : «Je suis bon à rien, je suis incapable de faire quoi que ce soit, je ne réussis jamais rien.»

Il peut avoir nourri cette mauvaise conception de lui-même à partir des «feed-back» négatifs qu'il a reçus de l'extérieur au cours de son enfance. En conséquence, pour faire pencher la balance en sa faveur, il devra commencer à se complimenter, se trouver beau et fin, à s'apprécier, car c'est à force d'accomplir des choses et de se dire qu'on a réussi – même si ce n'est pas exactement comme nous l'aurions souhaité – et c'est à force d'axer son esprit sur les aspects de soi dont on est satisfait, qu'on commence à développer ou tout simplement à retrouver la confiance en soi qui nous avait quitté à cause de déceptions quelconques ou de pertes.

J'ai personnellement créé un outil que j'appelle la «boîte aux trésors», conçue pour qu'on puisse y déposer exclusivement les faits qui nous font nous remémorer des bons côtés de nous, nos belles ressources, nos belles qualités. Il est important de se choyer, de nourrir la confiance en soi. L'estime de soi, la confiance en soi, cela s'assimile, tout comme le fait d'apprendre à écrire. Au début, cela peut paraître un peu chinois mais à un moment donné ça devient plus facile, voire même une seconde nature.

C'est comme pour l'écriture, on en fait le dur apprentissage à force de réécrire les lettres et les mots. Il en va de même pour la confiance en soi : plus je serai satisfait de moi, plus je me complimenterai et plus j'acquerrai de la confiance en moi. Par ailleurs, plus j'accomplirai de choses pour m'amener à obtenir de nouveaux apprentissages, à relever de nouveaux défis, plus je développerai et je conserverai la confiance en moi. Il est important de se rappeler qu'en chacun de nous existe un trésor, le plus beau des trésors, qui grandit au fond de soi et que rien ni personne n'a le droit de détruire ce joyau inestimable.

Pour conclure...

Que me réserve l'avenir?

Croire en ses rêves...

Trop souvent, à l'adolescence, on entrevoit l'avenir sombre-ment. L'avenir génère de nombreuses craintes pour celui qui entre dans le monde des adultes : « Qu'est-ce qui m'attend ? » « Vais-je pouvoir trouver du travail ? » Les jeunes entendent souvent les adultes parler entre eux des problèmes de notre société. Dans un tel contexte, il n'est donc pas surprenant d'entendre des adolescents parler de leur avenir en des termes plutôt pessimistes.

Il y aura toujours de la place pour un avenir prometteur, un avenir qui chante, pour ceux qui le désirent vraiment et qui s'accrochent à leurs rêves suffisamment longtemps. L'adolescence est une période de la vie où l'on commence à se connaître et à se découvrir à tous les niveaux. On entre en relation avec d'autres personnes et on forme notre caractère. Notre personnalité se dessine ; on apprend à dire oui, à dire non, à faire des choix. Petit à petit, on apprend à reconnaître ce que l'on veut vraiment dans la vie. Et c'est là que commencent nos rêves d'avenir, nos aspirations.

C'est à ce moment-là qu'on se fixe des objectifs et qu'on dit : « Dans la vie, je voudrais exercer tel métier. Mon conjoint idéal ressemble à ce portrait. Je veux des enfants. J'aimerais habiter tel type de maison. » C'est à partir de l'adolescence et du début de l'âge adulte qu'on crée nos rêves, qu'on les bâtit dans notre tête, et qu'on commence à savoir davantage ce qu'on veut faire de sa vie. L'avenir risque d'apparaître bien morose pour ceux qui ne nourrissent pas de tels rêves.

Si tu n'as pas de rêves, il faut t'en inventer. Tes rêves d'avenir c'est toi qui les visualiseras à partir de ce que tu es, de ce que tu veux devenir et de tes objectifs dans la vie. Ces rêves constituent une première étape essentielle. Il te faudra ensuite prendre tous les moyens à ta disposition pour les réaliser. Pour y parvenir, il te faudra avant toute chose croire fermement en ceux-ci. Il te faudra t'y accrocher et ne jamais laisser personne les détruire. Ne permets jamais à personne de te dire que tu n'y arriveras pas, que tu vois trop grand, ou que tu pourrais te contenter de moins. Qu'en savent-ils ?

Quand j'ai pris la décision de quitter la ville de Québec, à l'âge de 20 ans, pour accomplir le plus grand de mes rêves, celui d'exercer le métier d'animateur de télévision, j'avoue qu'au départ mon rêve n'était pas bien précis, et cela est tout à fait normal car je me lançais dans l'inconnu, mais j'avais la conviction de vouloir travailler pour le public.

Peu à peu, mes rêves, ma carrière et mon avenir se sont précisés. Je n'ai jamais laissé personne détruire mon rêve, ma vision, ni me convaincre que je visais trop haut, que je ne pouvais l'atteindre. Et dire que des amis très proches ne crurent pas en moi. Ils pensaient que je ne réussirais pas et ils cherchaient à me dissuader de poursuivre mon rêve. Ils me conseillaient vivement de faire autre chose. Heureusement, je me suis entouré de gens – mes parents entre autres – qui m'ont beaucoup aidé, qui m'ont encouragé à poursuivre, à persévérer. Quelle merveille que de tels êtres existent ! Mais c'est avant tout dans ma foi inébranlable que j'ai puisé les ressources, les moyens, les outils et l'énergie pour parvenir à le concrétiser, à en faire ma réalité de tous les jours.

On se sent alors satisfait de s'être dit à soi-même : «*Je voulais faire ceci et je l'ai fait.*» C'est un accomplissement ! On regarde en arrière et on examine tout le chemin parcouru en se disant : «*Des embûches se sont dressées sur ma route mais j'ai persévéré, et aujourd'hui je suis fier de ce que je suis. Ce n'était peut-être pas exactement ce que j'avais planifié au départ, mais avec le temps les choses sont devenues plus claires. Je suis tout de même fier de moi car je suis pratiquement parvenu à la réalisation de mon but ultime, et je continue encore et toujours de m'en rapprocher.*»

Continuez vous aussi, accrochez-vous à la vie, le jeu en vaut la chandelle, même si sa flamme pourrait vous blesser.

J'espère, grâce à ce livre, par l'information et les témoignages qu'il contient, avoir apporté de l'aide, de l'espoir, des éléments de solutions aux différents questionnements de ceux et celles qui le liront. Tout cela, dans le but de leur permettre d'accéder à leurs rêves, à leurs élans créateurs, et à la joie de vivre.

V oici une liste d'organismes susceptibles de t'aider selon tes besoins : Le **CLSC** de ta région demeure la première source d'information (il est important que tu aies ton code postal en mémoire ou à portée de la main). De plus, l'infirmière et la travailleuse sociale en milieu scolaire sont des personnes-ressources de premier plan.

Au Québec, tu peux communiquer avec **TEL-JEUNES** par téléphone au 1-800-263-2266 et au 514-288-2266 pour la région de Montréal 24 heures/7 jours.

Si tu te retrouves ailleurs au Canada, tu peux communiquer avec **JEUNESSE, J'ÉCOUTE** par téléphone au 1-800-668-6868 24 heures/ 7 jours.

Cette liste est conçue pour faciliter ta démarche selon tes préoccupations. Prends-en connaissance car ces organismes sont là pour toi, pour un ami, ou pour toute personne de ton entourage qui en aurait besoin.

LISTE DES ORGANISMES

PREMIÈRES RESSOURCES

LE CLSC DE TA RÉGION
INFO-SANTÉ
(TU DOIS AVOIR TON CODE POSTAL)

INFIRMIÈRE EN MILIEU SCOLAIRE

TRAVAILLEUSE SOCIALE
EN MILIEU SCOLAIRE

SUICIDE ACTION MONTRÉAL
514-723-4000
24 heures
intervention suicide

TEL-JEUNES
514-288-2266
1-800-263-2266
C.P. 186, Succursale Place d'Armes
Montréal (Québec)
H2Y 3G7
écoute téléphonique
et centre de référence

JEUNESSE, J'ÉCOUTE
1-800-668-6868
5 à 21 ans 24 heures/7jours
français anglais
centre d'écoute et référence nationale

GROSSESSE / AVORTEMENT

CLSC DE TA RÉGION
SERVICE AUX MÈRES EN DIFFICULTÉ

CENTRE D'HÉBERGEMENT POUR
JEUNES MÈRES EN DIFFICULTÉ
CENTRE JEUNESSE MONTRÉAL
(doit être dirigée par une travailleuse sociale)
514-356-4523

GROSSESSE-SECOURS
514-527-5717
(ACCEPTE LES FRAIS)
Télécopieur: 514-527-4809
4855, rue Boyer, Bureau 200
Montréal (Québec) H2J 3E6
écoute active, rencontre, sensibilisation en milieu scolaire
disponibilité, du lundi au vendredi, de 9 h à 21 h 30
le samedi et le dimanche, de 10 h à 16 h

CENTRE CONSEILS GROSSESSES
514-876-4564
1-877-876-4564
7394, 19ᵉ avenue
Montréal (Québec)
H2A 2L7
du lundi au vendredi, de 9 h à 5 h
écoute et accompagnement pour l'accouchement

CLINIQUE MÉDICALE FÉMINA
(clinique privée)
514-843-7904
1265, rue Berri, bureau 430
Montréal (Québec)
H2L 4X4
(clinique d'avortement avec frais) les soins en gynécologie et MTS payés par l'assurance-maladie du lundi au samedi, sur rendez-vous

HÔPITAL SAINTE JUSTINE
514-345-4931
3175, chemin Côte Sainte-Catherine
Montréal (Québec)
H3T 1C5
GROSSESSE /AVORTEMENT POSTE 4662

HÔPITAL DE MONTRÉAL
POUR ENFANTS
MÉDECINE DE L'ADOLESCENCE
514-934-4481
1040, avenue Atwater
Montréal (Québec)
H3Z 1X3

CLINIQUE DES JEUNES ST-DENIS
514-844-9333
1250, rue Sanguinet
Montréal (Québec)
H2X 3E7
services de santé MTS, gynécologie, avortement, aide psychosociale, sexologue, écoute sur place seulement
ouverture de 12 h 30 à 17 h, du lundi au jeudi, fermé les week-ends

BIRTHRIGHT OF MONTREAL
ACCUEIL GROSSESSE
514-937-9324
1-800-550-4900 (échelle nationale)
4100, rue Saint-Antoine Ouest
Montréal (Québec)
H4C 1C1
test de grossesse gratuit
linge pour bébé (gratuit)
services gratuits et confidentiels

MAISON ÉLISABETH
514-482-2488
213,1 avenue Marleau
Montréal (Québec)
H4A 3L4
centre d'accueil (anglophone)
gîte et école pour jeunes mères

ÉCOLE ROSALIE JETTÉ
514-596-4240
l'école accueille les jeunes filles
enceintes de 13 à 18 ans
enseignement, intervenants sociaux,
pouponnière

LE PETIT REVDEC
514-899-5499
4551 rue Lafontaine
Montréal (Québec)
H1V 1P6
ateliers pour jeunes mères (ou jeunes
filles enceintes) sur le point de
décrocher de l'école
halte-répit, de 12 à 18 ans

FONDATION OLO
514-931-1448
1-800-361-4661
1801, boulevard de Maisonneuve Ouest,
bureau 600
Montréal (Québec)
H3H 1J9
(oeufs, lait, oranges offerts par le
CLSC aux mères dans le besoin)

HOMOSEXUALITÉ

GAI ÉCOUTE
514-866-0103
C.P. 1006 succursale C
Montréal (Québec)
H2L 4V2
soir seulement

ACTION SÉRO ZÉRO
ORGANISME DE PRÉVENTION
SUR LE SIDA
514-521-7778
formation dans les écoles SIDA 101
C.P. 246 succursale C
Montréal (Québec)
H2L 4K1
http ://www.kiosque.com/serozero/serozero.html
lundi au vendredi, de 9 à 5 heures

PROJET 10
514-989-4585
(ACCEPTE LES FRAIS)
6, Weredale Park
Westmount (Québec)
H3Z 1Y6
écoute active, ateliers dans les écoles
(sur demande)
source de référence sur l'orientation
sexuelle
14 à 25 ans
groupe de discussions, soirées
rencontres avec activités libres
rencontres-ressources, ateliers de
créativité, musicothérapie, peinture

MTS / SIDA

CLSC DE TA RÉGION

INFO-SIDA
(514) 521-7432
(adresse confidentielle)
écoute téléphonique et centre de
référence
conférence de prévention dans les
écoles

LIGNE INFO-SIDA
ABAAPAS (association bénévole
accompagnateur/trice personnes
atteintes du sida)
514 521SIDA (ACCEPTE LES FRAIS)
1000, rue Sherbrooke Est
Montréal, (Québec)
H2L 1L5
ouverture 9 à 5 heures
du lundi au vendredi

groupe rencontre, accompagnement, écoute active

CENTRE D'ACTION SIDA MONTRÉAL (CASM)
514 843-3636 (ACCEPTE LES FRAIS)
514 749-8112 (URGENCE SEULEMENT)
514-843-5098 (télécopieur)
84, boulevard Notre-Dame Ouest, suite 101
Montréal, (Québec)
H2Y 1S6
écoute téléphonique et en personne, aide financière
groupe de support
de 9 h à 17 h, du lundi au vendredi

INFO MTS-SIDA
418-648-2626
CLSC STE-FOY SILLERY
3108, chemin Sainte-Foy
Sainte-Foy (Québec)
centre d'écoute 12 à 25 ans

SIDA-VIE LAVAL
450-669-3099
450 669-3421 télécopieur
SITE SIDAVIE@LAVALNET.qc.ca
90, boulevard Lévesque Est
Laval (Québec) H7G 1B9
écoute active, accompagnement, repas communautaire
ouverture lundi au vendredi

SUICIDE

CENTRE DE PRÉVENTION SUICIDE

RÉGION BAS ST-LAURENT
C.P.S du Bas St-Laurent
1-800-463-0009

Rimouski
1-418-724-2463

Centre Ressources Intervention du KRTB, Rivière-du-Loup
1-418-862-9658

RÉGION SAGUENAY-LAC ST-JEAN
C.P.S 02, Chicoutimi
1-800-463-9868
1-418-545-1919

RÉGION QUÉBEC
C.P.S. DE QUÉBEC
1-418-683-4588

C.P.S. DE CHARLEVOIX, CLERMONT
1-800-463-9868

RÉGION MAURICIE-BOIS-FRANCS
Centre Action-Suicide, Shawinigan
1-819-536-2995

Service prévention suicide, Trois-Rivières
1-819-379-9238

Réseau Prévention Suicide des Bois-Francs
1-819-362-6301

Plessisville
1-819-751-2205

Prévention suicide de La Tuque
1-819-523-2220

Au bout du fil, Drummondville
1-819-477-8855

RÉGION ESTRIE
Carrefour Intervention Suicide
1-819-564-1664

Fondation J.E.V.I.
1-819-564-1354
RÉGION MONTRÉAL
Suicide-Action Montréal
1-514-723-4000

RÉGION OUTAOUAIS
Tel-Aide Outaouais
1-613-741-6433
1-800-567-9699

Centre d'aide 24/7, Hull
1-819-595-9999

RÉGION ABITIBI-TÉMISCAMINGUE
C.P.S. DE MALARTIC
1-800-567-6407

C.P.S. DE SENNETERRE
1-800-567-6407

C.P.S. D'AMOS
1-800-567-6407

C.P.S. DE LA SARRE
1-800-567-6407

C.P.S. DE ROUYN-NORANDA
1-800-567-6407

C.P.S DE VAL D'OR
1-800-567-6407

C.P.S. DU TÉMISCAMINGUE
1-800-567-6407

RÉGION CÔTE-NORD
Prévention suicide de la Rive
1-418-589-1629

RÉGION NORD DU QUÉBEC
Comité de prévention du suicide
de Lebel-sur-Quévillon
1-800-567-6407

RÉGION GASPÉSIE, ÎLES-DE-LA-
MADELEINE
CLSC des Îles, Cap-aux-Meules
1-418-986-2121

CLSC des Chaleurs, Paspébiac
1-418-725-6611
CLSC L'Estran, Grande-Vallée
1-418-393-2001

RÉGION CHAUDIÈRE-APPALACHES
Centre d'écoute téléphonique et
de prévention du suicide
St-Georges-de-Beauce
418-228-0001

RÉGION LAVAL
C.L.S.C. Norman-Bethune
450-687-5690

RÉGION LANAUDIÈRE
Mizévie, St-Michel-des-Saints
450-833-6040

RÉGION LAURENTIDES
Centre d'Intervention le Faubourg
1-800-661-0101

St-Jérôme
1-450-569-0101

RÉGION MONTÉRÉGIE
C.P.S. de la Haute-Yamaska, Granby
1-450-375-4252

C.P.S. du-Haut-Richelieu
450-348-6300

Détresse suicide
450-746-5516

TOXICOMANIE / DROGUES ET ALCOOL

TOXICOMANIE DROGUES ET
ALCOOL

FONDATION DE LA RECHERCHE
SUR LA TOXICOMANIE
Programme de sensibilisation aux
drogues de la Gendarmerie royale du
Canada au Québec
450-926-6450

JEUNESSE, J'ÉCOUTE
1-800-668-6868
5 à 21 ans, 24 heures/7jours, français
anglais
centre d'écoute et référence
nationale

TEL-JEUNES
514-288-2266

1-800-263-2266
24 heures/7jours pour les 5 à 20 ans
centre d'écoute/référence (Québec
seulement)

CENTRE DOLLARD CORMIER
514-385-0046
urgence (24heures) 288-1515
Regroupement de Domrémy,
Alternatives et Préfontaine
950, rue Louvain Est
Montréal (Québec)
H2M 2E8

DROGUE AIDE ET RÉFÉRENCE
514-527-2626
1-800-265-2626 (répondeur)

MAISON JEAN LAPOINTE
514-381-1218 (Montréal)
418-523-1218 (Québec)
950, rue Louvain Est
Montréal (Québec)
H2M 2E8
hébergement gratuit
pour adolescents de 12 à 18 ans
sur base volontaire

PAVILLON DU NOUVEAU
POINT DE VUE
(CENTRE PRIVÉ)
450-887-2392 (centre d'hébergement)
514-252-1901 (service externe)
13 à 17ans
356, rue Notre-Dame
Lanoraie (Québec)
J0K 1E0
centre d'écoute, centre d'hébergement

LE REFUGE DES JEUNES DE
MONTRÉAL
514-849-4221
3767, rue Berri
Montréal (Québec)
H2L 4G7
accueil de nuit de 18 h à 8 h
(pour jeunes hommes seulement)

EN MARGE 12-17
514-849-7117
télécopieur: 514-849-7292
(adresse confidentielle)
accueil de nuit temporaire

LE BUNKER
514-524-0029
adresse confidentielle
accueil de nuit temporaire pour les
12-19ans

CENTRE DE JOUR CHEZ POPS
514-526-7677
1664, rue Ontario Est
Montréal (Québec)
H2L 1S7
du lundi au jeudi, de 12h à 21 h
le vendredi de 12 h à 16 h
fermé samedi et dimanche

LA ROULOTTE DU PÈRE JOHN
514-526-7677
distribution de nourriture à la
roulotte,
écoute et référence

PASSAGES (filles seulement)
514-875-8119
24 heures pour les 16-22 ans
adresse confidentielle
Dépannage (maximum de 3 nuits)
jeunes filles de la rue
(hébergement temporaire)
travailleurs de rue (prévention)
Hébergement à long terme
(maximum 12 mois)
retour aux études
apprendre à changer son mode de vie

MAISON DE JEUNES KEKPART
(450) 677-3881
1800, boulevard Roland-Therrien
Longueuil (Québec)
J4J 5H3

ASSOCIATION DES GRANDS FRÈRES ET GRANDES SOEURS DE MONTRÉAL
514-842-9715
7 à 14 ans pour les garçons
7 à 16 ans pour les filles
1-800-661-4252
du lundi au vendredi, de 9 à 17 h
3740, rue Berri, bureau 300
Montréal (Québec) H2L 4G9

LES GRANDS FRÈRES DU CANADA
1-800-661-4252
514-286-9531
6 à 15 ans garcons et filles
3740, rue Berri, bureau 350
Montréal (Québec)
H2L 4G9

FÉDÉRATION DES ASSOCIATIONS DE FAMILLES MONOPARENTALES ET RECOMPOSÉES DU QUÉBEC - FAFMRQ
514-729-mono (729-6666)
chapeaute 50 associations à travers le Québec dont certaines
offrent des activités pour les jeunes
8059, boulevard St-Michel
Montréal (Québec)
H1Z 3C9
FAFMRQ@CAM.ORG courrier électronique
http ://www.cam.org/fafmrq.

VICTIME DE RACISME

LIGUE DES NOIRS
BLACK COALITION OF QUEBEC
514-489-3830 (accepte les frais)
5201, boulevard Décarie
Montréal (Québec)
H3W 3C2

Accepte de venir en aide aux personnes de toutes les nationalités et de tous les âges

LIGUE DES DROITS ET LIBERTÉS
514-849-7717

VIOLENCE / TAXAGE / ABUS SEXUELS

DIRECTION DE LA PROTECTION DE LA JEUNESSE
514-896-3100 (24 HEURES)
1-800-361-5310 (24 HEURES)

C.L.S.C. DE TA RÉGION

HÔPITAL SAINTE-JUSTINE
514-345-4721
3175, chemin Côte Sainte-Catherine
Montréal (Québec)
H3T 1C5

ZAP PRÉVENTION
514-376-4666 lundi au vendredi 15 heures à 21 heures
1-888-829-2430 (1-888-TAXAGE 0)
adresse confidentielle

(organisme d'aide pour problèmes de taxage : confidentialité assurée)

PROGRAMME SUR LE TAXAGE DE LA POLICE SOCIO-COMMUNAUTAIRE:
http ://www.chainei.com/polsocio/tax age.htm

COMMISSION DES DROITS DE LA PERSONNE ET DES DROITS DE LA JEUNESSE
514-873-5146
1-800-463-5621
360, rue St-Jacques Ouest, 2e étage
Montréal (Québec)
H2Y 1P5
du lundi au vendredi, de 8 h 30 à 16 h 30

**CENTRE POUR LES VICTIMES
D'AGRESSIONS SEXUELLES
514-934-4504 (24 HEURES)**
LIGNE D'ÉCOUTE
(adresse confidentielle)

**CENTRE DE PRÉVENTION DES
AGRESSIONS DE MONTRÉAL
lundi au jeudi 9h30 à 16h
514-284-1212**

**APRÈS-COUP
12-17 ANS GARÇONS ET FILLES
1-800-330-6461
148 rue St-Louis
Ville Lemoyne (Québec)
J4R 2L5**
(organisme d'aide thérapeutique
pour personnes violentes)

SITES WEB

**TU VEUX NAVIGUER SUR INTERNET
POUR AVOIR PLUS D'INFOR-
MATION?
VOICI QUELQUES ADRESSES :**

Site sur la violence:
Http ://www.comnet.ca/-taou-
violence.htm

Site sur la violence dans les médias
http ://www.screen.com/mnet

**Site du Centre national
d'information sur la violence dans
la famille:**
http ://faceit,cyberus.ca/dating-f.htm

**Témoignage d'une victime de la
violence:**
http ://www.until.ch/CESSM/Fax/viole
nce.html

**Site pour ceux qui ont envie de
décrocher de l'école:**
http ://schoolnet2.carleton.ca/francai
s/adm/orientation/accroch-toi/

**Lois canadiennes sur les droits de
la personne**
http ://www.chrc.ca/equity/legislatio
n/chrc-fre.htm

**Charte des droits et libertés de la
personne du Québec:**
http ://www.gouv.qc.ca/droit/chartef.
htm

**Charte canadienne des droits et
libertés:**
http ://www.colba.net/-mgelinas/chrt

**Site sur les étapes du processus
pénal (dans le cadre de la Loi
sur les jeunes contrevenants):**
http ://www.cam.org/-
rojaq/Beliveau/Loi
jeunecontrev/accueil.html

**Document qui répond aux
questions les plus communes
concernant les règles juridiques
applicables aux jeunes selon la loi
des jeunes contrevenants:**
http ://www.cam.org/-
rojaq/juri/index.html

**Site sur le droits civils et
obligations légales:**
http ://www.notaires-
berube.qc.ca/ber_3a.htm

**Site du Conseil permanent de la
jeunesse:**
http ://www.cpi.gouv.qc.ca/Principale
.htm

**Site du groupe de soutien Rescol
donnant accès à d'autres sites
portant sur différents droits:**
Http ://www.rescol.ca/lang_soc/droit/

Programme sur le taxage de la police sociocommunautaire:
http ://www.chainei.com/polsocio/tax age.htm

Site enfants et famille Canada où en allant dans les informations par thèmes puis adolescents, on trouve des sujets intéressants:
http ://www.efe-efe.ca/

Site sur la santé où en allant dans sexualité, on trouve des articles intéressants sur divers sujets:
http ://www.edicom.ch/sante/conseil s/sexe/intex.html

Site Jeunesse, J'écoute:
http ://jeunesse.sympatico.ca/index.h tml

Site sur la violence:
Http ://www.comnet.ca/-taou-violence.htm

Site sur la violence dans les médias
http ://www.screen.com/mnet

Site du Centre national d'information sur la violence dans la famille:
http ://faceit,cyberus.ca/dating-f.htm

Témoignage d'une victime de la violence:
http ://www.until.ch/CESSM/Fax/viole nce.html

À TOUS LES INTERVENANTS EN MILIEU SCOLAIRE ET AUX GROUPES DE PARENTS :

Si vous désirez organiser une conférence sur la communication entre parents et adolescents, et ce, gratuitement, communiquez avec Monsieur Serge Daigneault, coordonnateur de la Fondation Promexpo pour les démunis, au **(514) 527-9221**

N ous désirons remercier sincèrement les personnes-ressources et les organismes participants suivants pour leur précieuse collaboration et leur soutien:

Madame Yannick Arsenault
Suicide-Action Montréal
(514) 723-4000

Madame Chantal Asselin
Infirmière à la clinique de
gynécologie et d'obstétrique de
l'hôpital Sainte-Justine
Hôpital Sainte-Justine
3175, chemin côte Sainte-Catherine
Montréal (Québec)
H3T 1C5
(514) 345-4931

Monsieur Dan Bigras
Porte-parole du Refuge des jeunes
de Montréal
3767, rue Berri
Montréal (Québec)
H2L 4G7
(514) 849-4221

Monsieur Richard Desjardins
Coordonnateur de la Maison de
jeunes Kekpart
1800, boulevard Roland-Therrien
Longueuil (Québec)
J4J 5H3
(450) 677-3881

Madame Julie Deslauriers
Porte-parole de Sida-Vie Laval
90, boulevard Lévesque Est
Laval (Québec)
H7G 1B9
(450) 669-3099
(450) 669-3421 (télécopieur)
site sidavie@lavalnet.qc.ca

Madame Marie-Paule Gaudreau
Infirmière bachelière
Clinique des Adolescents de l'hôpital
Sainte-Justine
3175, chemin côte Sainte-Catherine
Montréal (Québec)
H3T 1C5
(514) 345-4931

Monsieur Daniel Germain
Club des petits-déjeuners du Québec
151, boulevard de Mortagne, bureau D
Boucherville (Québec)
J4B 6G4
(450) 641-3230

Monsieur Richard T. Godon
Praticien en métaphysique
(514) 846-1520

Monsieur Saska Jazzar
B.Sc. (nutrition) N.D.
Édition de l'Émeraude
18, avenue Papineau bureau 203
Candiac (Québec)
J5R 5S8

Madame Nathalie Jobin
MSC, nutritionniste-conseil
Enzyme communication
2120, rue Sherbrooke Est, bureau 514
Montréal (Québec)
H2K 1C3
(514) 522-4406

Madame Johanne Langlois
Psychologue
Clinique de contrôle du stress
3155, chemin Sainte-Foy
Sainte-Foy (Québec)
J1X 1R3
(418) 657-7501

Monsieur Jean-Marie Lapointe
Porte-parole des Centres Jean
Lapointe pour adolescent(e)s
950, Louvain Est
Montréal (Québec)
H2M 2E8
(514) 527-2626 (Montréal)
(418) 523-1218 (Québec)

Madame Julie Lapointe
Fondation OLO
1801, boul. de Maisonneuve Ouest,
bureau 600
Montréal (Québec)
H3H 1J9
(514) 931-1448

Madame Louise Lefebvre
Coordonnatrice
Alliance communautaire pour la
formation et le développement
(ACFD)
(450) 647-3420

Monsieur Pierre Lescadre
Coordonnateur du programme de
sensibilisation aux drogues
et sergent de la Gendarmerie
royale du Canada au Québec
5000, chemin de l'Aéroport
Saint-Hubert (Québec)
J3Y 5K2
(450) 926-6450

Madame Johanne McKay
Porte-parole de Jeunesse, J'écoute
1-800-263-2266

Madame Hélène Manseau
Professeure de sexologie
Département de sexologie
Université du Québec à Montréal
(514) 987-4181

Monsieur Claude Meunier
Porte-parole Parents Anonymes du
Québec
C.P. 186, succursale Place d'Armes
Montréal (Québec)
H2Y 3G7
(514) 288-5555

Madame Patricia Paquin
Animatrice et comédienne

Madame Marielle Pelletier
Infirmière
CLSC Longueuil Ouest
201, boulevard Curé Poirier Ouest
Longueuil (Québec)
J4V 2G4
(450) 651-9830

Madame Patricia Trudel
Bachelière en travail social
Passages
(514) 875-8119

Monsieur Sylvain Turgeon
Psychothérapeute et préventionniste
Centre de consultation Sylvain Turgeon
(514) 990-9911

Monsieur Hugo Valiante
Conseiller en activités physiques
Nautilus Plus Inc.
550, boulevard Curé Poirier Ouest
Longueuil (Québec)
J4J 2H6
(450) 674-6264

Voici quelques suggestions de livres aussi disponibles aux éditions Un monde différent :

JEUNES

52 façons de développer son estime personnelle et sa confiance en soi, Catherine E. Rollins
Comment vaincre un complexe d'infériorité, Murray Banks
Comment vivre avec soi-même, Murray Banks
De la part d'un ami, Anthony Robbins
Le Fonceur, Peter B. Kyne
Je vous défie! William H. Danforth
Réussir grâce à la confiance en soi, (cassette audio) Berverly Nadler
Sans peur et sans relâche, Joe Tye
Secrets de la confiance en soi (Les), Robert Anthony
Visez la victoire, Lanny Bassham

PARENTS

52 façons simples d'aider son enfant à s'aimer et à avoir confiance en lui, Jan Dargatz
52 façons simples d'encourager les autres, Catherine E. Rollins
Communiquer: Un art qui s'apprend, Lise Langevin Hogue
Personnalité plus, Florence Littauer

En vente à la maison d'édition ou chez votre libraire
Prix sujets à changement sans préavis

Si vous désirez recevoir le catalogue de nos parutions,
il vous suffit d'écrire à l'adresse suivante:
Les éditions Un monde différent ltée
3925, rue Grande-Allée
Saint-Hubert (Québec), Canada J4T 2V8
ou de composer le (450) 656-2660 1-800-443-2582

Transcontinental
IMPRESSION
IMPRIMERIE GAGNÉ

IMPRIMÉ AU CANADA